Bildnachweis
Alle Fotos in diesem Buch stammen von Thomas Gretler.
Mit Ausnahme von:
S. 55: Christof Salata
S. 57: Ben Boden

Illustrationen von Christiane Gottschlich

Impressum
Umschlaggestaltung eStudio Calamar,
unter Verwendung einer Aufnahme von Thomas Gretler

Mit 90 Fotos und 16 Farbillustrationen

Bibliografische Information der Deutschen Bibliothek
Die Deutsche Bibliothek verzeichnet diese Publikation in der Deutschen Nationalbibliografie; detaillierte bibliografische Daten sind im Internet über ***http://dnb.ddb.de*** abrufbar.

KOSMOS Postfach 10 60 11
D-70049 Stuttgart
TELEFON +49 (0)711-2191-0
FAX +49 (0)711-2191-422
WEB www.kosmos.de
E-MAIL info@kosmos.de

ISBN 3-440-09309-3
Redaktion: Ben Boden
Produktion: Markus Schärtlein
Printed in Czech Republic/Imprimé en République tchèque

Thomas Gretler

Das Angelbuch für Kids

Thomas Gretler

Das Angelbuch für Kids

Inhalt

Spannung pur

Angeln ist für mich das schönste Hobby überhaupt. Ich kenne eigentlich kein anderes Hobby, das so vielseitig ist. Bei dem du so schön zur Ruhe finden kannst. Und das doch so spannend ist. Auf der einen Seite ist es entspannend, seine Freizeit draußen in der Natur zu verbringen, die Tiere und Pflanzen in und am Wasser zu beobachten oder zusammen mit Freunden einen schönen Sonnenuntergang beim Aalangeln zu genießen. Andererseits liegt aber immer eine knisternde, prickelnde Spannung in der Luft. Was geht wohl gerade in dieser geheimnisvollen Welt unter Wasser vor? Habe ich den richtigen Köder gewählt? Ist meine Montage so zusammengestellt, dass die Fische keinen Verdacht schöpfen? Interessiert sich vielleicht schon ein Fisch für meinen Köder? Und wenn ja – was für einer wird es wohl sein? Und wehe, die Pose beginnt auf der Wasseroberfläche zu hüpfen oder die Spitze deiner Grundrute fängt urplötzlich zu ruckeln an. Spätestens jetzt ist es mit der Entspannung vorbei.

Herzklopfen

Auf einmal schlägt dein Herz bis zum Hals. Zehn Gedanken rasen dir gleichzeitig durch den Kopf. Soll ich den Anhieb sofort setzen oder lieber noch ein paar Sekunden warten? Habe ich die Bremse richtig eingestellt? Ist meine Schnur stark genug? Habe ich alle Knoten sorgfältig gebunden? Liegt der Kescher bereit? Ja, und wenn du in diesem ersten Moment alles richtig machst und der Fisch schließlich an deinem Haken hängt, dann geht die Aufregung erst so richtig los. Vielleicht hat ja ein kampfstarker Karpfen gebissen. Mit ungestümer Kraft zieht er die Schnur von deiner Rol-

Volle Konzentration – nur so fängst du Fische.

Lohn der Mühe: Ein toller Barsch.

le. Jetzt gilt es, Ruhe zu bewahren und beim Drill des Fisches nicht den kleinsten Fehler zu machen – und das, obwohl deine Hände vor Aufregung zittern und der Fisch auf seiner ersten Flucht schier unbezwingbar scheint.

Lange Minuten

Vielleicht dauert es fünf oder zehn Minuten, bis du den Karpfen zum ersten Mal zu Gesicht bekommst – nur um ihn genau in diesem Moment zu verlieren, weil der Haken aushängt. Vielleicht hast du aber auch Glück und du kannst das Kraftpaket schließlich keschern. Dann hältst du ein Lebewesen aus einer fremden Welt in deinen Händen. Ein Tier, das deinen Respekt und deine ganze Sorgfalt verdient. Fische sind nämlich keine Sportobjekte, sondern zarte und verletzliche Lebewesen. In diesem Moment musst du Verantwortung übernehmen. Wenn du den Fisch für die Küche mit nach Hause nehmen willst, musst du ihn schnell und fachmännisch töten. Wenn er zu klein ist und deshalb zurückgesetzt werden soll, musst du das so schonend wie möglich tun. So bringt dir das Angeln nicht nur Spaß und Spannung, sondern lehrt dich auch viel über den Wert von anderen Lebewesen und den Umgang mit ihnen.

Was du über Fische wissen solltest

Fische sind mit Amphibien, Reptilien, Vögeln und Säugetieren verwandt. All diese Tiere besitzen – ebenso wie wir Menschen – eine Wirbelsäule. Deshalb werden sie auch alle als Wirbeltiere bezeichnet. Durch die Gewässer der Erde schwimmen rund 20.000 verschiedene Fischarten. Darunter sind winzig kleine, wie die nur wenige Zentimeter großen Moderlieschen, die du sicher aus einem Weiher in deiner Nähe kennst. Es gibt aber auch riesig große Fische. Der größte von allen ist der Walhai. Er lebt in den tropischen Meeren, wird bis zu 18 Meter lang und ernährt sich von kleinen Planktonorganismen. Der größte Teil der Fische lebt im salzigen Wasser der Meere. Im Süßwasser kommen immerhin etwa 5000 Arten vor. In unseren Gewässern lebt allerdings nur ein kleiner Teil dieser Süßwasserarten. Etwa 70 Fischarten haben Wissenschaftler in deutschen Bächen, Flüssen und Seen gefunden. Darunter sind so beliebte Angelfische wie Karpfen, Hechte und Forellen. Der größte einheimische Fisch ist der Wels. In Deutschland wurden schon Welse gefangen, die 80 Kilogramm schwer und fast 2,50 Meter lang waren.

So alt und groß werden Fische

Wie alt, wie schwer, wie lang werden eigentlich unsere heimischen Süßwasserfische? Die Übersicht verrät dir die möglichen Rekordgrößen und Rekordgewichte unserer wichtigsten Angelfische.

Das Wachstum von Fischen

	Höchstalter (ca. in Jahren)	Höchstgewicht (ca. in Kilogramm)	Höchstlänge (ca. in Zentimeter)
Aal	16	7	140
Äsche	14	4	60
Bachforelle	15	18	100
Barbe	18	10	100
Barsch	25	4	60
Brachsen	30	10	90
Döbel	17	8	80
Hecht	70	30	160
Karausche	30	5	60
Karpfen	45	40	120
Regenbogenforelle	15	15	90
Rotauge	25	3,5	60
Rotfeder	19	3,5	60
Schleie	25	10	70
Wels	100	200	350
Zander	25	20	130

Lebenszyklus

Während der Laichzeit legen weibliche Fische (Rogner) Eier ab, die von den Männchen (Milchnern) mit einer milchigen Flüssigkeit besamt werden. Nach wenigen Tagen oder Wochen schlüpfen aus diesen Eiern winzig kleine Fischchen mit einem dicken Dottersack. Der Dottersack ernährt die Fischchen in den ersten Tagen. Ist er aufgebraucht, müssen die Brutfischchen selbst auf Nahrungssuche gehen. Mit der Zeit wachsen die kleinen Fischchen zu erwachsenen, laichreifen Fischen heran. Im Gegensatz zu uns Menschen wachsen Fische übrigens ein Leben lang. Allerdings verlangsamt sich ihr Wachstum, je älter sie werden. Die Tabelle auf der nächsten Seite gibt dir einen Überblick über die Fangaussichten sowie über die Laichzeiten der wichtigsten einheimischen Angelfische.

Müssen noch wachsen: kleine Seeforellen aus einer Fischzuchtanstalt.

Aus Seeforelleneiern schlüpfen winzige Fischchen mit Dottersack.

Fangaussichten und Laichzeiten

	Jan.	Feb.	Mrz.	Apr.	Mai	Jun.	Jul.	Aug.	Sep.	Okt.	Nov.	Dez.
Aal	–	–	–	*	*	**	**	**	**	*	–	–
Äsche	*	*	L	L	L	**	*	*	**	**	**	*
Bachforelle	L	L	*	**	**	**	*	**	*	L	L	L
Barbe	–	–	*	*	L	L	*	**	**	**	*	–
Barsch	*	*	L	L	L	L	**	**	**	**	*	*
Brachsen	–	–	*	*	L	L	L	**	**	*	–	–
Döbel	–	–	*	L	L	L	**	**	*	*	*	–
Hecht	**	L	L	L	L	*	*	*	**	**	**	**
Karausche	–	–	–	*	L	L	**	**	**	*	–	–
Karpfen	–	–	–	*	L	L	**	**	**	*	–	–
Regenbogenforelle	L	L	L	L	L	**	**	**	**	*	*	L
Rotauge	*	*	*	L	L	*	**	**	*	**	*	*
Rotfeder	*	–	*	L	L	*	**	**	**	*	*	*
Schleie	–	–	*	*	L	L	L	**	**	*	–	–
Wels	*	*	–	–	L	L	**	**	**	*	*	*
Zander	–	–	–	L	L	*	*	**	**	**	**	*

Fangaussichten: (–) = schlecht (*) = gut (**) = sehr gut
Laichzeit: (L)

Bekommen Seeforellen reichlich Zeit zum Abwachsen, dann können solch kapitale Burschen heranwachsen wie dieser.

Eine solche Bachforelle liefert dir an der Angel einen großen Kampf.

Die Forellenregion

Die Forellenregion schließt sich unmittelbar an die Quelle an und ist das, was du normalerweise als Bach bezeichnen würdest. Das Wasser ist kalt, klar, stark strömend und enthält viel Sauerstoff.
Der steinige Gewässerboden besteht aus Geröll, Kies und Sand. Wie der Name Forellenregion schon sagt, ist die Bachforelle der wichtigste Fisch in dieser Region. Man bezeichnet die Bachforelle deshalb auch als den „Leitfisch" der Forellenregion. Mit ihrem spindelförmigen Körper ist die Bachforelle hervorragend an das schnell strömende Wasser angepasst. Auch Bachsaiblinge, Regenbogenforellen und viele Kleinfische wie Elritzen, Mühlkoppen und Schmerlen besiedeln diese Region.

Tipps und Tricks

Bachforellen lauern gerne hinter großen Steinen, unter überhängenden Ästen oder in Uferausspülungen. Regenbogenforellen stehen am Grund tiefer Gumpen und Rinnen.

Äschen sind leider sehr selten geworden. Um sie zu fangen, solltest du dein Glück an Stellen mit mäßiger Strömung versuchen. Gut sind Stellen hinter Steinen, über Unterwasserpflanzen oder in Grundnähe.

Die Äschenregion

In der Äschenregion ist das Wasser immer noch sauerstoffreich und klar. Der Flusslauf ist aber bereits breiter und tiefer als in der Forellenregion. Im Sommer wird das Wasser auch deutlich wärmer (bis etwa 15°C). Der Boden besteht überwiegend aus Kies und Sand. An ruhigen Stellen wachsen oft viele Unterwasserpflanzen. Da sich in der Äschenregion alle paar Meter Strömungsgeschwindigkeit, Wassertiefe und Bodenstruktur ändern, entsteht ein äußerst abwechslungsreicher Lebensraum. Er bietet ideale Lebensbedingungen für Kleintiere und Jungfische – und für die verschiedenen Fischarten der Region, die diese Kleintiere und Jungfische fressen. Leitfisch ist die Äsche. Daneben leben in der Äschenregion Döbel, Nasen, Barben, Quappen, Gründlinge und Schneider. Auch Forellen und Bachsaiblinge sind noch häufig. Gelegentlich wandern sogar Hechte aus weiter flussabwärts gelegenen Regionen ein.

Die Barbenregion

In der Barbenregion ist das Wasser bereits leicht angetrübt und fließt langsamer als in der Äschenregion. Der Fluss ist hier schon richtig breit und erwärmt sich im Sommer auf 18° bis 20° C. Durch die höhere Wasserführung ist der Untergrund in der Strömungsrinne ständig in Bewegung. Unterwasserpflanzen und Fischnährtiere haben daher in diesem Bereich ihre liebe Not. Aus diesem Grund ist die Barbenregion auch nicht ganz so produktiv wie die Äschenregion. Leitfisch der Region ist die Barbe, die mit ihrem abgeflachten, stromlinienförmigen Körper

In der Äschenregion wechseln Strömungsgeschwindigkeit und Bodenstruktur ständig.

perfekt an den hohen Wasserdruck angepasst ist. Daneben bewohnen auch Nasen, Döbel, Alande, Hasel und Rapfen die Region. Manchmal lassen sich auch Äschen, Regenbogenforellen, Hechte, Aale und Barsche fangen.

Tipps und Tricks

Barben sind kampfstarke Fische. Um sie zu fangen, angelst du am besten direkt in der Strömung oder am Strömungsrand.

Die Brachsenregion

In der Brachsenregion wird aus dem Fluss ein breiter Strom. Das Wasser strömt hier langsam und ist sehr trübe. Durch die niedrige Fließgeschwindigkeit des Wassers lagert sich an vielen Stellen Schlamm, Sand und feines organisches Material am Gewässerboden ab. In Altarmen, Buchten und den Uferzonen bilden sich oft dichte Bestände mit Unterwasserpflanzen. Den Gewässerboden besiedeln Fischnährtiere wie Schnecken, Muscheln, Schlammröhrenwürmer und Zuckmückenlarven in großer Zahl. Daher gibt es in der Brachsenregion für die Fische mehr Futter als in der Barbenregion. Allerdings sind die Sauerstoffverhältnisse in tiefen Gewässerzonen oft ungünstig. Leitfisch der Region ist der Brachsen. Aber auch viele andere Fischarten wie Güster, Karpfen, Schleie, Karausche, Barsch, Zander, Wels, Hecht, Rotauge, Rotfeder, Aland, Aal, Laube, Stint und Bitterling leben hier.

Tipps und Tricks

Gute Fangchancen auf Brachsen, Karpfen und Schleien hast du an der Scharkante (Übergang zwischen der mit Pflanzen bewachsenen, flachen Uferzone und der Tiefenzone). Barsche und Zander jagen oft in der Strommitte, Hechte stehen dagegen gerne im Kraut.

Die Barbe ist der Leitfisch der Barbenregion.

Die Kaulbarsch-/Flunderregion

Flüsse, die ins Meer münden, besitzen schließlich noch eine Kaulbarsch-/Flunderregion. Dort vermischt sich durch die Einwirkung von Ebbe und Flut Süß- und Salzwasser. Bei Flut dringt das salzige Meerwasser oft viele Kilometer weit in den Flusslauf ein und vermischt sich mit dem Süßwasser des Flusses zu Brackwasser. Da in der Kaulbarsch-/Flunderregion viele Kleintiere leben, finden die Fische dort reichlich Futter. Allerdings müssen sie sich auf den ständig wechselnden Salzgehalt des Wassers einstellen. Als Leitfische der Region gelten Kaulbarsch und Flunder. Fische wie der Dreistachelige Stichling, Finte, Meeräsche, Barsch, Hecht, Brachsen, Güster, Rotauge, Laube und Zährte kommen ebenfalls mit diesen wechselhaften Bedingungen zurecht. Zu bestimmten Zeiten halten sich auch Wanderfische wie Aal, Lachs, Meerforelle und Stör im Mündungsbereich der Flüsse auf.

Tipps und Tricks

Auf Flundern angelst du am besten über sandigem Grund.

Fische halten sich nicht an Grenzen

Die Einteilung in Fischregionen gibt dir nur einen Anhaltspunkt darüber, welche Fischarten du in welchen Regionen fangen kannst. Da Fische nicht lesen können, halten sie sich nämlich nicht immer an die Vorstellungen der Fischereibiologen. So gibt es Fischarten wie Hecht und Barsch, die gleich mehrere Gewässerabschnitte besiedeln können. Nicht einmal die Leitfische sind nur auf „ihre Region“ beschränkt.

Fische in stehenden Gewässern

Wissenschaftler bezeichnen Seen, Teiche, Weiher und Tümpel als stehende Gewässer. Am größten und tiefsten sind dabei die Seen. Sie erreichen eine Wassertiefe von mehr als drei oder vier Metern. Weiher sind natürlich entstandene, flachere Gewässer. Teiche sind ebenfalls flache Gewässer. Sie wurden aber vom Menschen künstlich angelegt. Bei einem Tümpel handelt es sich um ein Kleingewässer, das zeitweise austrocknet. Deshalb leben in einem Tümpel normalerweise keine Fische.

In tiefen Seen bilden sich im Sommer und Winter stabile Temperaturschichtungen aus. Wie du sicher vom Baden weißt, ist im **Sommer** das Wasser nahe an der Oberfläche am wärmsten. Das Tiefenwasser ist dagegen nur 4° C warm. Eine schmale Grenzschicht, in der die Temperatur sprunghaft abnimmt (Sprung-

In Gebirgs- und Hochgebirgsseen leben vor allem Forellen und Saiblinge.

schicht), trennt das warme Oberflächenwasser vom kalten Tiefenwasser. Da im Sommer in der Tiefe nur sehr wenig Sauerstoff vorhanden ist, leben dort fast keine Fische. Die meisten Fische halten sich in der wärmeren, sauerstoffreicheren oberen Schicht und in der Sprungschicht auf. In diesen beiden Schichten solltest du im Sommer angeln. Im **Winter** sehen die Verhältnisse anders aus. Auf der Wasseroberfläche bildet sich oft Eis. Am wärmsten ist dann das Wasser in Grundnähe. Es hat wie im Sommer eine Temperatur von 4° C. Das liegt daran, dass 4° C warmes Wasser schwerer als kälteres und auch als wärmeres Wasser ist. Eis und Wasser, das kälter als 4° C ist, „schwimmt" deshalb im Winter auf dem 4° C warmen Tiefenwasser. Aus diesem Grund ziehen sich Wärme liebende Fische wie Rotaugen, Rotfedern und Brachsen im Spätherbst und Winter in die tiefen Zonen eines Gewässers zurück: Raubfische wie Hechte, Barsche und Zander folgen ihren Beutefischen ins „Warme". Und auch du solltest im 4° C warmen Tiefenwasser angeln, wenn du im Winter Fische fangen möchtest. Im **Frühling** und **Herbst** ist dagegen die Temperatur für kurze Zeit überall im See gleich und alle Wasserschichten durchmischen sich.

Auch bei Seen unterscheidet man verschiedene Typen, die ich dir im Folgenden kurz vorstellen werde.

Forellen- und Saiblingssee

Forellen- und Saiblingsseen sind Gebirgs- und Hochgebirgsseen mit kaltem, sauerstoffreichem Wasser. Sie haben meist steil abfallende Ufer, sind sehr tief und haben einen steinigen oder kiesigen Boden. Da solche Seen sehr arm an Nährstoffen sind, leben in ihnen nur wenige Pflanzen und Kleintiere. Entsprechend langsam wachsen auch die Fische, die dort leben. Leitfische dieser Seen sind Seesaiblinge, Bachforellen und Seeforellen. Daneben leben in den eiskalten Seen Elritzen, Bachschmerlen und Koppen.

Der Bodensee ist ein tiefer Voralpensee, in dem Felchen leben.

Tipps und Tricks

Wegen der ungünstigen Wassertemperaturen und dem schlechten Nahrungsangebot darfst du in Forellen- und Saiblingsseen keine Rekordfänge erwarten.

In Felchenseen leben die besonders großen, so genannten Felchenhechte. Sie folgen den Felchenschwärmen und stehen im Gegensatz zu ihren Artgenossen nicht in Ufernähe, sondern im Freiwasser. Um sie zu fangen, brauchst du leider in den meisten Fällen ein Boot.

Felchensee

Felchenseen sind tiefe Seen im Vorgebirge und in der norddeutschen Tiefebene. Sie haben steile Ufer, relativ klares, sauerstoffreiches Wasser und einen kiesig-steinigen Boden. In Felchenseen gibt es etwas mehr Nährstoffe als in Forellen- und Saiblingsseen. Deshalb wachsen in ihnen Unterwasserpflanzen wie Armleuchteralgen gut. Leitfische sind die verschiedenen Felchenarten. Auch Forellen und Saiblinge sind häufig. Weitere interessante Angelfische sind Hechte, Barsche, Quappen, Rotaugen und Brachsen.

Brachsensee

Brachsenseen haben ausgedehnte Flachwasserzonen im Uferbereich und sind sehr nährstoffreich. Pflanzen gedeihen in ihnen prächtig. An den breiten Schilfgürtel schließt sich oft eine Zone mit Schwimmblattpflanzen an. Im tieferen Wasser wachsen viele Unterwasserpflanzen. Am Seeboden gibt es oft dicke Schlammschichten, in der viele Fischnährtiere wie Würmer, Muscheln, Schnecken und Insektenlarven leben. Davon profitieren Brachsen, Güstern, Rotaugen, Rotfedern, Schleien und Karpfen. Bei den Raubfischen kannst du mit stattlichen Hechten, Barschen und Aalen rechnen. In manchen Brachsenseen leben sogar Zander und Welse. Brachsenseen sind also richtige Allroundgewässer mit einem vielfältigen und reichen Fischbestand.

Karpfen, Brachsen und Schleien mögen pflanzenreiche Seen und Weiher.

Tipps und Tricks

Im Sommer solltest du auf die Gewässertiefe achten. Denn wenn du in tieferen Gewässerzonen fischen willst, in denen kein Sauerstoff mehr ist, gibt es auch keine Fische.

Bereiche. Karpfen, Schleien, Hechte, Zander und Barsche fängst du eher in den ruhigeren Zonen.

Auch **unter Bäumen und Sträuchern, die übers Wasser hängen** kannst du dicke Fische fangen. Dort lauern oft Forellen, Döbel und Barsche auf Insekten, die von den Bäumen ins Wasser fallen. Schließlich zählen noch **Brücken, Brückenpfeiler, Steine und Felsen** zu den besten Angelstellen in einem Fluss. Dort finden die Fische Deckung, Schatten und Nahrung.

Tipps und Tricks

Brücken sind tolle Beobachtungsplätze. Wenn du von einer Brücke aus die Fische beobachtest, kannst du viel über ihr Verhalten erfahren.

Auch in **stehenden Gewässern** gibt es Angelstellen, die mehr Erfolg versprechen als andere. In Ufernähe zählen **umgestürzte Bäume**, **übers Wasser ragende Äste**, **überflutete Wurzeln** und **unterspülte Ufer** zu den besten Fangplätzen – vorausgesetzt, das Wasser ist tief genug. Vor allem Raubfische wie Hechte, Barsche und Aale lauern gern in solchen ufernahen Verstecken. Auch **Häfen und Bootsstege** sind gute Angelstellen. Oft jagen dort Hechte, Barsche und Zander. Und Friedfische wie Karpfen, Schleien oder Brachsen suchen im von Bootsschrauben aufgewühlten Uferschlamm nach Insektenlarven und anderen Kleintieren. Gute Fangplätze in Ufernähe sind auch die **Einmündungen** von Bächen und Flüssen und der **Seeauslauf**. Durch die dort herrschenden Strömungen wird oft viel Nahrung angeschwemmt. Das zieht natürlich auch die Fische an.

Klasse sind auch Stellen mit **Wasserpflanzen**. Dort finden die Fische Nahrung, Laichplätze und Verstecke. Vor allem in Frühjahr lauern am Rand von Schilf- und Binsengürteln Hechte auf ihre Beute. Karpfen, Schleien, Rotaugen, Rotfedern und Brachsen suchen die Ränder der Pflanzengürtel ebenfalls nach Futter ab. Im Sommer solltest du in der Nähe von Seerosenfeldern angeln. Karpfen, Schleien und Karauschen fühlen sich dort wohl. Gute Angelplätze liegen auch am Rand von dichten Unterwasserpflanzenbeständen. Hechte, Barsche, Zander und Aale gehen hier auf die Jagd.

Ein sehr guter Angelplatz in Seen ist die **Scharkante**. So nennt man den Übergang zwischen der mit Pflanzen bewachsenen, flachen Uferzone (Schar) und der Tiefenzone eines Sees. Die Scharkante ist mit die beste Stelle, um Hechte, Barsche und Zander zu fangen: Sie lauern an der Kante auf Friedfische, die in der flachen Uferzone auf Nahrungssuche gehen und von dort zurück ins Freiwasser schwimmen. Schließlich sind auch **Unterwasserhindernisse** wie versunkene Boote, überflutete Mauern oder große Steine und **Unterwasserberge** hervorragende Angelstellen. Raubfische wie Hechte, Zander, Barsche, Aale und Welse jagen dort nach Beute.

Tipps und Tricks

In der Nähe von Einmündungen und Ausläufen kannst du auch Forellen, Äschen, Nasen und Barben fangen – lauter Fischarten, die eigentlich Fließgewässer bevorzugen.

Die Angelausrüstung

Bei Steckruten werden die einzelnen Teile ineinander gesteckt.

Um einen Fisch zu fangen, braucht es nicht viel. Ein Haselnussstecken, an dem du eine Schnur mit einem Angelhaken befestigst, reicht zur Not schon aus. Große Fische wirst du mit dieser Angelausrüstung allerdings nicht aus dem Wasser ziehen. Dazu braucht es schon eine richtige Angelrute mit Ringen und eine Stationärrolle, auf der die Schnur aufgewickelt ist. Auch ein Kescher gehört zur Grundausstattung. Das merkst du spätestens dann, wenn zum ersten Mal ein Karpfen oder Hecht gebissen hat. Du siehst schon: Bevor du mit dem Angeln richtig loslegst, solltest du dir einige Gedanken über die richtige Ausrüstung machen. Aber sei unbesorgt. Du brauchst nicht gleich ein ganzes Sammelsurium an Ruten, Rollen und Angelzubehör zu kaufen, um erfolgreich Fische zu fangen. Auf den nächsten Seiten helfe ich dir, eine gute, aber nicht zu teure Grundausrüstung zusammenzustellen.

Die Angelrute

Beginnen wir mit der Angelrute. Sie hilft dir beim Auswerfen des Köders. Außerdem dämpft sie die Fluchten eines Fisches ab, wenn du ihn drillst oder landest. Bei den Angelruten unterscheidet man zwischen Steckruten und Teleskopruten. **Steckruten** werden meist aus zwei bis drei Teilen gefertigt, die jeweils einzeln transportiert werden. Beim Angeln steckst du sie an den extra dafür vorgesehenen Steckverbindungen einfach ineinander. Im Gegensatz dazu werden bei einer **Teleskoprute** die einzelnen Teile – oft sind es sechs oder mehr – für den Transport ineinander geschoben. Da sich Teleskopruten aus mehr Teilen als Steckruten zusammensetzen, lassen sie sich wesentlich kleiner verpacken. Das kann ein großer Vorteil sein, wenn du oft mit dem Fahrrad zu deinem Angelgewässer fährst. Andererseits schwören viele Profis auf Steckruten, weil ihnen das Krümmungsverhalten (Aktion) dieser Ruten besser gefällt.

Tipps und Tricks

Am besten nimmst du einen erfahrenen Angler mit, wenn du zum ersten Mal in ein Angelgeschäft gehst. Lass dich auch vom Verkäufer ausführlich beraten. Oft ist es besser, nicht das Allerbilligste zu kaufen. Gib bei Rute und Rolle lieber ein paar Euro mehr aus und achte auf gute Qualität. Umso länger wirst du beim Angeln Freude an deiner neuen Ausrüstung haben.

Letztlich ist es Geschmackssache, ob du eine Teleskop- oder eine Steckrute kaufst. Für eine Teleskoprute spricht das kleinere Packmaß, für eine Steckrute die bessere Aktion.

Bevor du dir eine neue Rute kaufst, solltest du dir noch über einige weitere Dinge Gedanken machen. Überlege dir, an welchen Gewässern du vor allem angeln willst. Wenn du viel an kleinen Bächen angelst, kommst du mit einer kurzen Rute sicher besser zurecht als mit einer langen. Mit ihr kannst du zwischen Bäumen und Sträuchern wesentlich leichter werfen. Eine lange Rute hat dagegen Vorteile, wenn du an einem See oder großen Fluss angelst, an dem du viel Platz zum Werfen hast. Zum einen kannst du mit ihr weiter werfen, zum anderen erleichtert sie den Drill großer Fische. Außer-

Wenn ein großer Fisch gebissen hat, biegt sich deine Rute mächtig durch.

dem spielt auch dein Alter und deine Erfahrung bei der **Rutenlänge** eine Rolle. Wenn du gerade erst mit dem Angeln begonnen hast und vielleicht zehn oder zwölf Jahre alt bist, tust du dich mit einer kurzen Rute (2 m bis 2,50 m) viel leichter. Wenn du bereits ein erfahrener Angler bist, ist oft eine längere Rute die bessere Wahl (2,50 m bis 3,60 m).
Neben der Länge spielt auch das **Wurfgewicht** einer Rute eine wichtige Rolle. Es wird in Gramm angegeben und steht – ebenso wie die Rutenlänge – im Bereich des Handteils auf den meisten Angelruten. Das Wurfgewicht gibt an, wie schwer die Kombination aus Blei und Köder sein sollte, die du mit der Rute auswirfst. Außerdem gibt dir das Wurfgewicht einen Anhaltspunkt darüber, wie kräftig die Rute ist. Leichte Ruten haben vielleicht ein Wurfgewicht von 10 bis 40 Gramm,

während ein schwerer „Prügel" ein Wurfgewicht von 50 bis 100 oder gar 200 Gramm haben kann. Mit der leichten Rute kannst du zum Beispiel sehr gut mit kleinen Spinnern oder Blinkern auf Forellen und Barsche angeln. Die schwere Rute ist dagegen gut geeignet, um auch große, tote Köderfische auszuwerfen – etwa wenn du Hechte fangen willst.
Schließlich solltest du beim Rutenkauf neben Wurfgewicht und Länge auch die so genannte **Aktion** der Rute beachten. Darunter versteht man das Krümmungsverhalten einer Angelrute unter Belastung. Manche Ruten krümmen sich nur an der Spitze (Spitzenaktion), andere krümmen sich bei Belastung bis ins Handteil durch (durchgehende Aktion). Schließlich gibt es noch Ruten, die dazwischen liegen, sich also etwa bis zur Hälfte biegen (Mittelaktion). Am besten kaufst du dir zunächst eine solche Rute. Denn Ruten mit einer mittleren Aktion lassen sich genau werfen und bieten im Drill genügend Reserven, um auch die Fluchten großer Fische sicher abzufangen. Außerdem kannst du sie am vielseitigsten einsetzen.
Achte auch auf die **Rutenringe**. Sie sollten mit einer harten Einlage versehen sein, damit die Schnur nicht im Laufe der Zeit Rillen in die Ringe schneidet. Gut sind Einlagen aus Aluminium-Oxid und Silicium-Carbid (SIC). Bei einer Steckrute sind Ringe mit zwei Stegen stabiler als solche mit einem Steg. Darüber hinaus sollte deine neue Rute auch mindestens fünf Rutenringe haben, damit sich eine schöne, möglichst gleichmäßige Biegekurve ergibt.

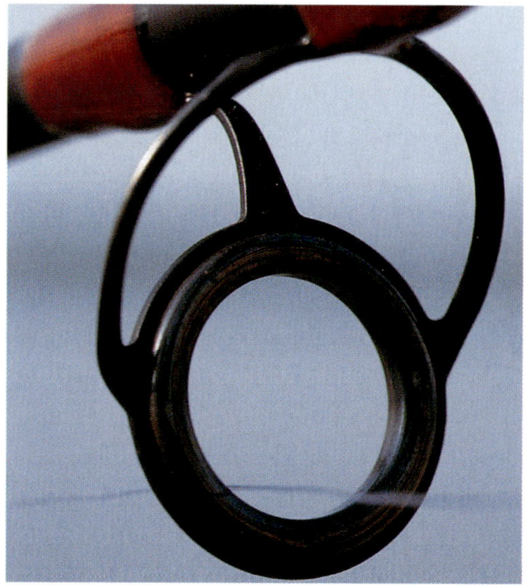

Große Rutenringe mit harten Einlagen sind optimal für weite Würfe.

Aus welchem **Material** deine Rute hergestellt ist, hängt vor allem von deinem Geldbeutel ab. Teure Ruten sind meist aus Kohlefaser gefertigt. Dieses Material ist sehr leicht und dennoch robust. Es gibt aber auch gute Ruten aus Glasfaser oder Glasfaser/Kohlefaser-Mischungen, die wesentlich weniger kosten. Beim Handgriff fühlt sich Kork am besten an. Aber wenn der Handgriff deiner Rute aus einem Kunststoffmaterial ist, ist das auch in Ordnung.

Tipps und Tricks

Da Kohlefaserruten den elektrischen Strom leiten, solltest du bei einem aufziehenden Gewitter sofort mit dem Angeln aufhören.

Echte **Allroundruten** gibt es nicht. Darum ist es auch nicht ganz einfach, dir eine

Empfehlung für deine erste Rute zu geben. Aber wenn du dir eine Rute zwischen 2,40 und 3,00 Meter kaufst, die über eine mittlere Aktion verfügt und ein Wurfgewicht von 10 bis 50 oder 20 bis 60 Gramm hat, kannst du damit schon allerhand anstellen. Vielleicht überlegst du dir, gleich zwei Ruten zu kaufen. Dann legst du dir am besten eine kürzere Rute zum Spinnfischen (2,10 bis 2,70 Meter, Wurfgewicht 10 bis 40 Gramm) und eine längere Rute zum Grund- und Posenfischen (3,00 bis 3,60 Meter, Wurfgewicht 20 bis 60 oder 30 bis 80 Gramm) zu.

Tipps und Tricks

Beim Angeln ist oft weniger mehr. Gerade am Anfang fängst du oft besser, wenn du nur mit einer Rute angelst. Es ist nämlich gar nicht so einfach, sich auf zwei Ruten gleichzeitig zu konzentrieren. Kurz einmal auf die falsche Rute geschaut – und schon hast du wieder einen Biss verpasst.

Die Rolle

Wenn du deine Rute kaufst, solltest du dir auch gleich eine dazu passende **Stationärrolle** zulegen. Es gibt zwar noch einige andere Rollentypen wie Multi- oder Achsenrollen, aber für 90 Prozent aller Fälle ist die Stationärrolle genau das Richtige. Die Rolle ist beim Angeln genauso wichtig wie die Rute. Sie speichert nicht nur die Schnur, sondern hilft dir auch, die Schnur auszuwerfen und wieder einzuholen. Außerdem verfügt sie über eine Bremse, die dir beim Drill eines großen Fisches hilft. Wenn ein flüchtender Fisch Schnur von deiner Rolle ziehen will, setzt die Bremse ihm einen Widerstand entgegen und sorgt so dafür, dass er schneller müde wird.

Tipps und Tricks

Richtig Geld sparen kannst du beim Ruten- und Rollenkauf, wenn du dich nach Auslaufmodellen vom Vorjahr umschaust. Oder wenn du bei deinem angelnden Papa oder Onkel zum Räubern gehst: Sicher haben sie eine alte Angelrute, mit der sie selber nicht mehr fischen, die aber noch gut in Schuss ist.

Auf was solltest du also beim Kauf einer **Stationärrolle** achten? Zunächst sollte sie nicht „eiern“, sondern weich und rund laufen, wenn du an der Kurbel drehst. Dazu ist es nicht notwendig, dass die Rolle sechs, acht oder noch mehr Kugellager hat. Auch Rollen mit zwei oder drei Kugellagern können über hervorragende Laufeigenschaften verfügen. Wirf einen Blick auf das **Schnurlaufröllchen**. Es sollte

Diese Stationärrolle hat eine Frontbremse.

aus einem sehr glatten Material gefertigt sein. Die Schnur darf nicht beschädigt werden, wenn sie beim Einholen über das Röllchen gleitet.

Ganz wichtig ist auch eine gute **Bremse**. Bei Rollen mit Frontbremse sitzt die Bremse vorne auf der Spule. Im Gegensatz dazu ist bei Rollen mit Heckbremse die Bremse hinten am Gehäuse ange-

Stationärrollen mit Freilauf sind vor allem beim Karpfenangeln klasse.

bracht. Oft kannst du lesen, dass Frontbremsen haltbarer und feiner dosierbar sind, weil ihre Bremsscheiben einen größeren Durchmesser haben. Es gibt aber auch Rollen mit sehr guten Heckbremsen. Außerdem ist bei Rollen mit Heckbremsen der Spulenwechsel oft etwas leichter. Für welchen Bremsentyp du dich auch entscheidest: Achte auf jeden Fall darauf, dass deine neue Rolle die Schnur bei Zug nicht ruckartig freigibt, sondern ganz sanft und gleichmäßig.

Gut ist auch, wenn deine neue Rolle über eine **Ersatzspule** verfügt. Achte darauf, dass sich die Spulen leicht und schnell wechseln lassen. Wenn du die beiden Spulen mit unterschiedlich starken Schnüren bestückst, kannst du mit einer einzige Rolle sowohl auf Forellen und Rotaugen als auch auf Hechte und Karpfen angeln. Am besten füllst du eine Spule mit einer 0,25 Millimeter starken Schnur für die leichte Angelei. Auf die zweite Spule kommt dann Schnur mit einem Durchmesser von 0,35 Millimeter für die Jagd auf große Fische wie Hecht und Karpfen.

Wenn du dir zunächst nur eine Stationärrolle kaufst, besorgst du dir am besten ein Modell, das ungefähr 150 Meter 0,35-Millimeter-Schnur fasst. Du kannst dir auch überlegen, eine – etwas teurere – **Rolle mit Freilauf (Baitrunner)** zu kaufen. Solche Rollen besitzen eine zweite Bremse, deren Widerstand bei geschlossenem Bügel ganz fein eingestellt werden kann. Bei einer Freilaufrolle lässt du den Schnurfangbügel einfach geschlossen

Tipps und Tricks

Nach jedem Drill und am Ende jeder Angelsitzung solltest du die ersten ein, zwei Meter deiner Angelschnur kontrollieren, indem du sie zwischen Daumen und Zeigefinger hindurchziehst. Fühlt sie sich rau oder geknickt an, solltest du das beschädigte Stück der Angelleine sofort abschneiden. Ansonsten verlierst du mit ziemlicher Sicherheit deinen nächsten Fisch, weil deine Angelschnur beim Drill genau an dieser Stelle reißt.

und stellst den Widerstand des Freilaufs so fein ein, dass die Strömung es gerade nicht mehr schafft, Schnur abzuziehen. Kommt nun ein Fisch und zupft nur etwas stärker, kann er die Schnur wieder ganz leicht abziehen. Sobald du den Freilauf nach dem Biss sperrst, wirkt wieder die normale Bremse.

Die Angelschnur

Bei Angelschnüren unterscheidet man zwischen **geflochtenen Schnüren**, die sich aus mehreren Schnursträngen zusammensetzen, und **Monofilschnüren**, die nur aus einem einzigen Strang bestehen. Für die meisten Arten der Angelei fährst du mit einer Monofilschnur am besten. Sie hat zwar bei gleichem Durchmesser eine geringere Tragkraft als eine geflochtene Schnur, ist dafür aber auch wesentlich billiger. Außerdem ist eine monofile Schnur im Gegensatz zu einer geflochtenen Schnur dehnfähig. Sie hilft dir beim Drill dabei, die Fluchten eines Fisches abzupuffern. Dadurch schlitzt der Haken nicht so leicht aus dem Maul des Fisches aus. Aufpassen musst du allerdings mit direkter Sonneneinstrahlung. Mit der Zeit greift das ultraviolette Licht in der Sonnenstrahlung deine Monofilschnur an. Deshalb solltest du sie zu Hause möglichst im Dunkeln lagern. Außerdem empfiehlt es sich, alle zwei, drei Jahre die Schnur auf der Rolle komplett auszuwechseln, da sie im Laufe der Zeit an Tragkraft verliert und spröde wird. Schau bei der Auswahl deiner Schnur nicht nur auf die **Tragkraft**! Eine 0,25-Millimeter-Schnur mit einer Tragkraft von 4,8 Kilogramm muss nicht schlechter sein als eine andere, die eine Tragkraft von 5,2 Kilogramm hat. Genauso wichtig wie eine hohe Tragkraft ist, dass sich die Schnur geschmeidig anfühlt und gut werfen lässt. Am besten erkundigst du dich bei einem erfahrenen Angler, mit welcher günstigen Monofilschnur er gute Erfahrungen gesammelt hat.

Wie kommt jetzt die **Schnur auf die Spule** deiner Stationärrolle? Einerseits kannst du deine Stationärrolle mit ins Angelgeschäft nehmen. Dort lässt du dir vom Händler einfach eine neue Schnur aufspulen. Er benutzt dafür ein spezielles Aufspulgerät. Andererseits kannst du die Schnur selber auf die Spule wickeln. Dafür montierst du die Stationärrolle auf deine Rute, die Schnur legst du vor dir auf dem Boden ab. Dann ziehst du das lose Ende der Schnur durch den untersten Schnurlaufring und knotest sie – bei geöffnetem Schnurfangbügel – am Spulenkern fest. Im nächsten Schritt klappst du den Bügel um und beginnst die Schnur auf die Spule zu wickeln, indem du an der Kurbel drehst. Dabei solltest du

Sicherheit geht vor. Darum muss die Angelschnur so gewählt werden, dass sie den Drill eines Fisches übersteht.

die Schnur immer durch Daumen und Zeigefinger der anderen Hand laufen lassen. Dadurch entsteht eine leichte Spannung, die für eine optimale Wicklung auf der Spule sorgt. Du solltest die Spule bis auf circa ein bis zwei Millimeter unter den Rand mit Schnur füllen. Mit einer solchermaßen gefüllten Stationärrolle kannst du am weitesten werfen. Mehr Schnur würde nur zu Verhedderungen (so genannte „Perücken“) führen. Weniger Schnur führt zu geringeren Weiten, da die Schnur beim Wurf verstärkt an der Spulenkante reiben würde.

Vorfach und Wirbel

Die meisten Angler knüpfen an die Spitze ihrer Schnur, der so genannten „Hauptschnur“, ein etwa 50 Zentimeter langes Stück einer dünneren Schnur, das so genannte **„Vorfach“**. Das Vorfach hat mehrere Aufgaben. Erstens wird an ihm der Haken festgebunden. Zweitens ist es eine Art Sollbruchstelle, um bei einem Hänger nicht gleich die ganze Montage mit Schwimmer oder Grundblei und mehreren Metern Schnur zu verlieren: Da das dünnere Vorfach weniger Tragkraft als die Hauptschnur hat, reißt es bei einem Hänger normalerweise zuerst. So musst du nur Vorfach und Haken opfern. Drittens ermöglicht dir das Vorfach eine unauffälligere Präsentation des Köders. Eine dünnere Schnur ist für einen Fisch nämlich schwieriger zu entdecken als eine dicke. Zwischen Hauptschnur und Vorfach knüpfst du als Verbindungsglied am besten einen **Wirbel**. Er dreht sich mit, wenn du einen Fisch drillst oder einen Köder einholst. Dadurch verdrallt sich deine Hauptschnur nicht so schnell. Außerdem erleichtert er dir den schnellen Vorfachwechsel. Besonders praktisch sind Karabinerwirbel. Sie haben auf einer Seite einen kleinen Karabiner, den du öffnen

Tipps und Tricks

Am besten wählst du das Vorfach um etwa 0,05 Millimeter dünner als die Hauptschnur.

Ein Stahlvorfach ist beim Hechtangeln mit totem Köderfisch Pflicht.

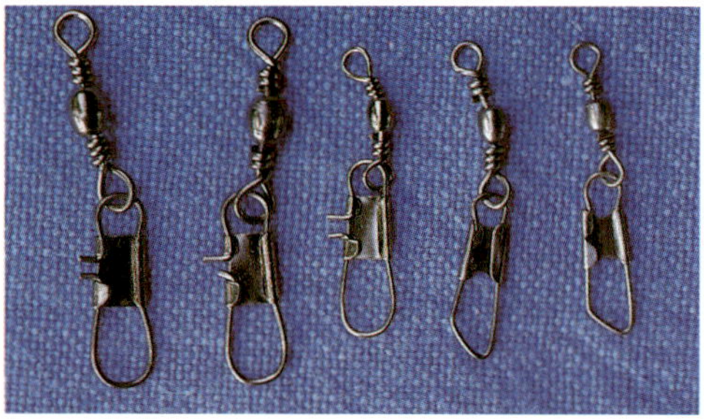

Karabinerwirbel in verschiedenen Größen gehören in deinen Gerätekasten.

Gebundene Vorfächer für alle Zielfischarten kannst du im Fachhandel kaufen.

kannst, um die Schlaufe deines Vorfachs einzuhängen. Du kannst dir deine Vorfächer entweder selber knüpfen oder bereits fertig gebundene Vorfächer im Angelladen kaufen. Wenn du deine Vorfächer selber knüpfst, verwendest du am besten Öhrhaken. Sie lassen sich leichter anknoten als die weit verbreiteten Plättchenhaken.
Ein Sonderfall ist schließlich noch das **Stahlvorfach**. Sobald du in einem Gewässer auf Raubfische angelst, in dem auch Hechte leben, solltest du ein Stahlvorfach an die Hauptschnur binden. Hechte haben viele, nadelspitze Zähne, die ein Vorfach aus normaler Monofilschnur in kürzester Zeit durchscheuern. Mit einem Stahlvorfach kann dir das nicht passieren.

Tipps und Tricks

Wenn du die Fische schonen willst, weil du zum Beispiel in einem Gewässer mit vielen kleinen Fischen angelst, kannst du den Widerhaken mit einer Flachzange andrücken. Beim Drill musst du dann allerdings besonders darauf achten, dass die Schnur immer unter Spannung steht. Dafür geht das Hakenlösen mit einem solchen Haken einfacher.

Der Haken

Angelhaken gibt es in den unterschiedlichsten Formen und Größen. Gemeinsam ist ihnen ihr Aufbau aus Spitze mit Widerhaken, Hakenbogen, Hakenschenkel und Hakenkopf. Am Hakenkopf bindest du die Schnur fest. Hat der Hakenkopf ein Öhr, spricht man von einem **Öhrhaken**. Ist er dagegen abgeflacht, spricht man von einem **Plättchenhaken**. Wenn du dir deine Vorfächer selbst binden willst, würde ich dir zunächst Öhrhaken empfehlen, da sie etwas leichter zu knoten sind. An fertig gebundenen Vorfächern werden dagegen meist Plättchenhaken verwendet.
Als **Allroundhaken** haben sich Rundbogenhaken mit einem relativ kurzen Schenkel bewährt. Daneben gibt es auch spezielle Wurmhaken, Karpfenhaken, Madenhaken und so fort. Außerdem musst du noch zwischen Einzelhaken und Drillingen unterscheiden. **Einzelhaken** haben eine Spitze und eignen sich für fast alle Angelarten. **Drillinge** haben gleich drei Spitzen. Sie werden vor allem beim Raubfischangeln mit toten Köderfischen und beim Angeln mit Kunstködern wie Spinnern, Blinkern und Wobblern verwendet. Übrigens bringen Haken nur dann etwas, wenn sie auch scharf sind.

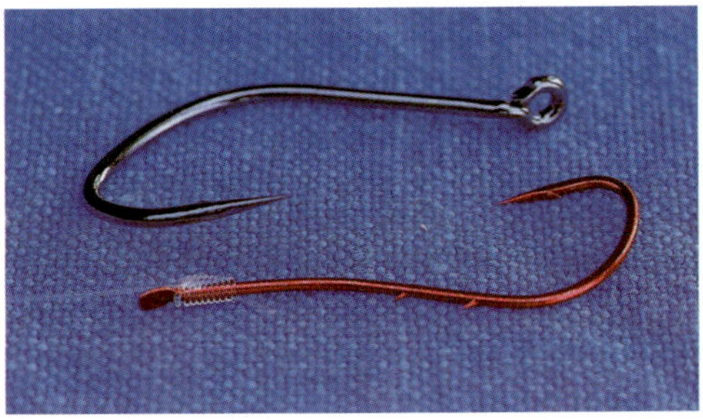

oben: Öhrhaken
unten: Plättchenhaken

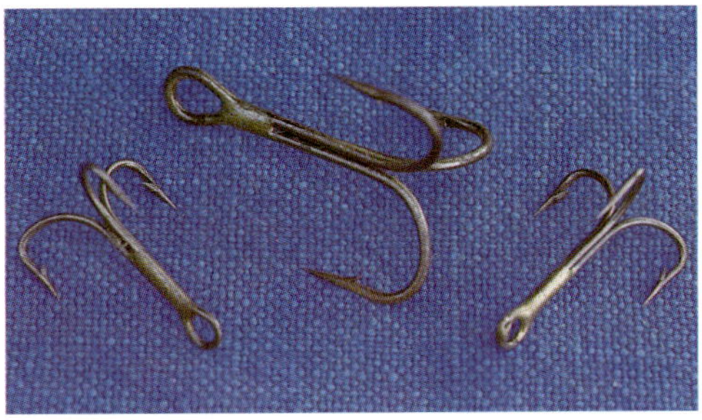

Drillinge sind gut für das Raubfischangeln. Vor allem beim Hechtangeln solltest du nicht auf Drillinge verzichten.

Deshalb gehört ein **Hakenschleifstein** auf jeden Fall in deinen Angelkoffer. Zur Not tut es aber auch ein Stück feines Schleifpapier.

Tipps und Tricks

Mit dem Daumennageltest kannst du überprüfen, ob dein Angelhaken scharf ist. Dazu musst du den Haken auf dem Fingernagel deines Daumens aufsetzen. Ist er noch ausreichend scharf, krallt er sich sofort in deinen Nagel. Schlittert er dagegen über den Nagel, ist Nachschärfen angesagt.

Du solltest die **Größe deines Hakens** immer auf die Fischart abstimmen, die du fangen willst. Das Gleiche gilt auch für die **Schnur- und Vorfachstärke.** Die folgende Tabelle gibt dir eine Überblick, mit welchen Angelmethoden, Schnurstärken und Hakengrößen du am besten auf die verschiedenen Fischarten angelst. Beachte die gegenläufige Nummerierung bei den Hakengrößen: Ein Haken mit der Größe 10 ist kleiner als ein Haken der

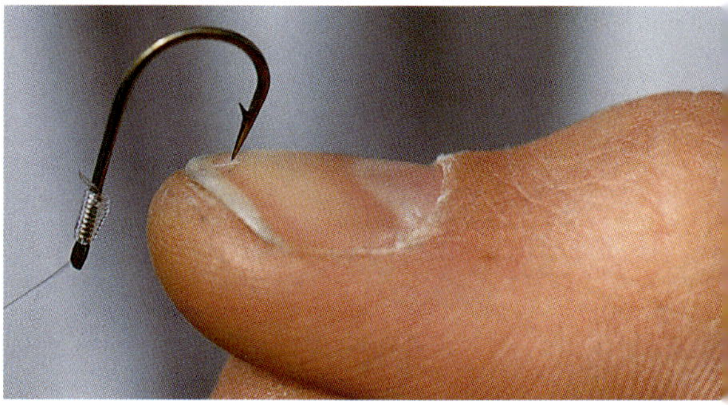

Größe 1. Außerdem gibt es Übergrößen für besonders große Fische: Sie haben eine 0 hinter der Größenbezeichnung (zum Beispiel 1/0 oder 5/0).

Angelschnüre im Überblick

	Schnurstärke in mm	Vorfachstärke in mm	Angelmethode	Hakengröße
Aal	0,30–0,40	0,25-0,35	Grundangeln	1/0-2
Äsche	0,18–0,25	0,14–0,20	Posenangeln	10–16
Bachforelle	0,20–0,30	0,16–0,25	Spinnangeln	4–10
Barbe	0,25–0,35	0,20–0,30	Grundangeln	3–8
Barsch	0,18–0,25	0,14–0,20	Grund-, Posen-, Spinnangeln	4–10
Brachsen	0,20–0,30	0,16–0,25	Grund-, Posenangeln	6–14
Döbel	0,20–0,30	0,16–0,25	Grund-, Posen-, Spinnangeln	4–12
Hecht	0,30–0,40	Stahlvorfach	Grund-, Posen-, Spinnangeln	2/0–1
Karausche	0,18–0,25	0,14–0,20	Posen-, Grundangeln	8–16
Karpfen	0,30–0,40	0,25–0,35	Grund-, Posenangeln	1–6
Regenbogenforelle	0,20–0,30	0,16–0,25	Spinnangeln	4–10
Rotauge	0,18–0,25	0,14–0,20	Grund-, Posenangeln	8–16
Rotfeder	0,18–0,25	0,14–0,20	Posenangeln	10–16
Schleie	0,20–0,30	0,16–0,25	Grund-, Posenangeln	6–12
Wels	0,40–0,60	0,35–0,55	Grund-, Posen-, Spinnangeln	8/0-1/0
Zander	0,25–0,35	0,20–0,30	Grund-, Posen-, Spinnangeln	1/0–2

Das Blei

Wenn dein Angelplatz weiter als ein paar Meter vom Ufer entfernt ist, brauchst du ein zusätzliches Gewicht, um deinen Köder bis dorthin werfen zu können. Zu diesem Zweck bietet der Fachhandel ein schier unerschöpfliches Angebot an verschiedenen **Grundbleien** an. Es gibt zum Beispiel Grundbleie in Birnen-, Kugel-, Oliven- und Sargform. Sie alle helfen dir dabei, weiter zu werfen und den Köder zuverlässig am Gewässergrund anzubieten. Am besten besorgst du dir zunächst einige Birnenbleie mit Gewichten von 10, 20, 30 und 60 Gramm. Daneben gibt es noch das so genannte **Bleischrot**: Die kleinen Halbkugeln sind etwa bis zur Mitte gespalten und werden einfach an die Schnur gedrückt. Bleischrot brauchst du vor allem beim Posenfischen, um den Schwimmer richtig zu beschweren (auszutarieren).

Für das Grundangeln brauchst du Birnenbleie in verschiedenen Größen.

Tipps und Tricks

Beim Bleischrot musst du darauf achten, dass es möglichst weich ist und sich mit bloßen Fingern an der Schnur festdrücken lässt.

Die Pose

Posen oder Schwimmer gibt es in den unterschiedlichsten Größen und Formen. Die Schwimmkörper haben aber alle eines gemeinsam: Sie sollen dir den Biss eines Fisches anzeigen. Sobald ein Fisch an deinem Köder zupft, bewegt er auch die auf der Wasseroberfläche schwimmende Pose. So weißt du immer genau darüber Bescheid, was sich gerade unter der Wasseroberfläche abspielt. Außerdem kannst du mit Posen die verschiedenen Tiefenbereiche eines Gewässers – von der Wasseroberfläche bis zum Grund – sehr gut abfischen.

Bei den Posen unterscheidet man zwischen **Feststellposen** und **Laufposen**. Während Feststellposen fest auf deiner Hauptschnur verankert werden, gleiten Laufposen frei über die Schnur, bis sie von einem Schnurstopper aus Gummi

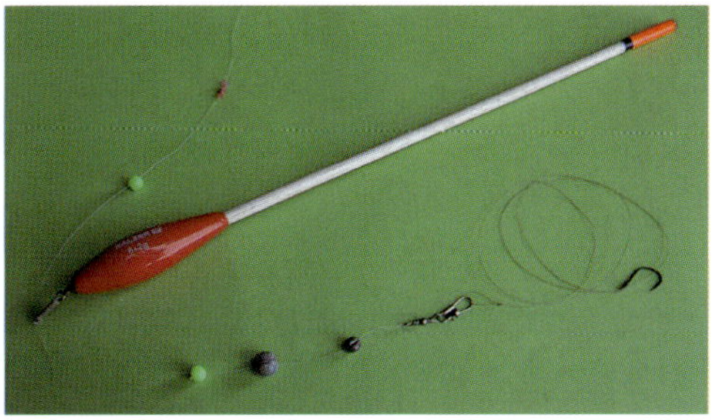

Richtig ausgebleite Wagglerposen zeigen auch die feinsten Bisse an.

oder aus einem Faden gestoppt werden. Laufposen haben den Vorteil, dass du sie auch dann noch gut auswerfen kannst, wenn du in großen Wassertiefen angelst. Feststellposen sind dagegen nur für Tiefen bis etwa zwei Meter gut geeignet. Als

Posen gibt es in den verschiedensten Größen, Formen und Farben.

Faustregel kannst du dir merken, dass beim Angeln mit einer Feststellpose die Wassertiefe nicht die Länge deiner Rute überschreiten darf.
Wichtig ist auch die **Posenform**. Schlanke Posen sind vor allem fürs Stillwasser geeignet, also wenn du in Seen oder Weihern angelst. In Flüssen ist dagegen eine bauchige, tropfen- oder kugelförmige Posenform die bessere Wahl. Ein sehr beliebter Laufposentyp ist der **Waggler**. Ein solcher Waggler ist im unteren Bereich meist eiförmig und hat eine sehr lange, dicke Antenne. Er hat nur unten eine Öse, durch welche die Hauptschnur gleitet. Waggler zeigen auch feinste Bisse an. Außerdem kannst du mit ihnen auch bei Wind und welligem Wasser noch gut fischen.
Wichtig ist auch die **Farbe** deiner Pose. Vor allem die Antenne muss sehr gut sichtbar sein, damit du einen Biss auch aus großer Entfernung erkennen kannst. Beliebte Antennenfarben sind Rot, Orange und Gelb. Bei Gegenlicht hat sich Schwarz bewährt. Clever sind auch Posen, in deren Antennen sich Knicklichter einklemmen lassen. Mit solchen Posen kannst du sogar in stockdunkler Nacht angeln. Im Gegensatz zur Antenne sollte der Körper deiner Pose möglichst dunkel oder durchsichtig sein. So ist er für die Fische am schwersten auszumachen.

Tipps und Tricks

Bei ungünstigen Lichtverhältnissen kannst du farbiges Isolierband um die Antenne deines Schwimmers wickeln.

Posen sind sehr zerbrechlich. Gute und billige Aufbewahrungsboxen sind leere Kunststoffverpackungen für Tennisbälle.

Auf jeder Pose steht eine **Tragkraftangabe** in Gramm. Sie sagt dir, wie viel Bleischrot du auf deiner Hauptschnur anbringen musst, um die Pose optimal zu beschweren. Eine Pose, die eine Tragkraft von acht Gramm hat, lässt sich durch das höhere Gewicht weiter werfen als eine andere, die eine Tragkraft von vier Gramm hat. Andererseits ist die Acht-Gramm-Pose größer, auffälliger und lässt sich nicht so fein einstellen wie die Vier-Gramm-Pose. Wähle also deine Pose immer so schwer wie nötig, aber so leicht wie möglich. Oder anders gesagt: Starke Strömung, schwere Köder, große Wurfweiten und heftiger Wind erfordern schwerere Posen.

Bissanzeiger fürs Grundangeln

Bei der Bisserkennung beim Grundangeln wählst du zwischen zwei Grundvarianten. Zum einen kannst du dir den **Biss über die Rutenspitze** anzeigen lassen. Wenn du mit geschlossenem Schnurfangbügel angelst, bewegt sie sich, sobald ein Fisch an der Schnur zupft. Besonders empfindlich reagieren dabei so genannte **Zitterspitzen**. Sie werden vor allem an speziellen Ruten (Winkel-Picker, Feeder-Ruten) verwendet. Beim Nachtangeln kannst du ein **Aalglöckchen** auf deine Rutenspitze schrauben. Beißt ein Fisch, beginnt das Glöckchen zu scheppern.

Du kannst dir aber auch den **Biss über die Schnur** anzeigen lassen. Die einfachste Möglichkeit besteht darin, die Schnur zwischen Daumen und Zeigefinger in der **Hand** zu halten und so den Biss zu erfühlen. Wenn du mit geschlossenem Schnurfangbügel angelst, kannst du einen **Einhängebissanzeiger** nahe der Rolle zwischen den ersten und zweiten Rutenring in die Schnur hängen. Lockere die Schnur etwas, damit der Bissanzeiger Spiel nach oben und unten hat. Steigt oder fällt der Bissanzeiger, macht sich ein Fisch an deinem Köder zu schaffen.

Tipps und Tricks

Einhängebissanzeiger kannst du aus einer leeren Filmdose oder einem Überraschungsei leicht selber bauen. Stich einfach ein Loch in den Deckel und schieb einen acht Zentimeter langen Draht durch dieses Loch. Knick den Draht auf der Innenseite des Deckels etwas um, damit er nicht mehr herausrutschen kann. Den Teil des Drahtes, der aus dem Deckel herausschaut, formst du zu einem Halbbogen. Boden und Deckel noch zusammengesteckt – und schon ist der Bissanzeiger Marke „Eigenbau“ fertig.

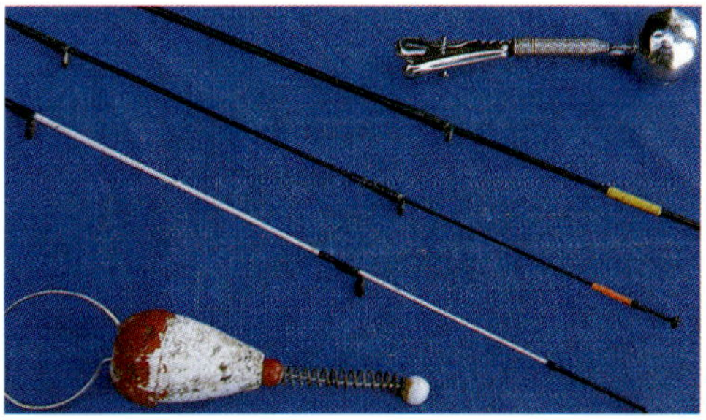

Von oben nach unten sind hier Aalglöckchen, Zitterspitzen und Einhängebissanzeiger abgebildet.

Wenn du mit offenem Schnurfangbügel angelst, kannst du ein eingeschnittenes Stückchen **Styropor** als Bissanzeiger verwenden. So wird es gemacht: Nach dem Auswerfen klemmst du das eingeschnittene Styropor oberhalb der Rutenspitze auf die Angelschnur. Leg die Rute waagrecht auf zwei Rutenhaltern ab. Die Rute muss in Richtung Angelstelle zeigen. Jetzt kurbelst du die Schnur so lange auf, bis sie gestreckt ist. Öffne den Schnurfangbügel! Sobald ein Fisch beißt und Schnur von der Rolle zieht, setzt sich auch das Styropor in Bewegung. Und da es auf der Wasseroberfläche schwimmt, bist du immer darüber informiert, was der Fisch gerade macht.

Schließlich gibt es auch noch **elektronische Bissanzeiger**. Bei diesen Geräten läuft die Schnur über ein Rädchen. Zieht ein Fisch an der Schnur, beginnt sich das Rädchen zu drehen, und sofort gibt der Bissanzeiger einen piepsenden Ton von sich. Vor allem beim Karpfenangeln, aber auch auf Hecht, Zander und Aal haben sich diese Bissanzeiger inzwischen durchgesetzt.

Die Kunstköder

Schier unüberschaubar ist das Angebot an Kunstködern fürs Spinnfischen. Deshalb hier nur ganz kurz die wichtigsten Typen. Die aus Blech hergestellten **Blinker** bewegen sich taumelnd durchs Wasser und sollen dadurch wie ein krankes Fischlein wirken. Mit Blinkern wird vor allem auf Hecht und Zander geangelt. Beliebte Farben sind Silber, Messing und Kupfer.

Bei **Spinnern** dreht sich ein Metallblatt um eine Achse, sobald sie durchs Wasser gezogen werden. Die dadurch ausgesendeten Vibrationen sollen Raubfische zum Zuschnappen bewegen. Spinner der Größe 0 bis 3 sind für Forellen und Barsche geeignet. Für Hecht oder Zander solltest du Spinner der Größe 4 oder 5 verwenden. Auch hier sind die Farben Silber, Messing und Kupfer beliebt.

Blinker, Wobbler, Spinner, Gummifisch und Twister (von links oben im Uhrzeigersinn).

Tipps und Tricks

Mit einem roten Wollpuschel oder einer roten Plastikflosse kannst du die Fängigkeit deiner Spinner oder Blinker verbessern: Die Farbe Rot übt auf alle Raubfische eine starke Reizwirkung aus.

Wobbler werden aus Holz oder Plastik gefertigt und ahmen Köderfische oft erstaunlich naturgetreu nach. Man unterscheidet zwischen Schwimmwobblern und Tauchwobblern. Schwimmwobbler sind ideal für flache, verkrautete Gewässer, da sie auf der Wasseroberfläche schwimmen und erst bei Zug an der Angelschnur abtauchen. Mit Tauchwobblern kannst du dagegen gut in größeren Wassertiefen fischen. Dabei gibt dir die Stellung der so genannten „Tauchschaufel" am Kopf des Wobblers einen Anhaltspunkt darüber, wie tief ein Wobbler fischt. Je flacher die Tauchschaufel steht, desto schneller und tiefer taucht der Wobbler ab. Wobbler von drei bis sieben Zentimeter sind gut auf Barsche, Döbel und Forellen, größere auf Zander und Hecht. Schließlich gibt es noch **Weichplastikköder** wie die wurmartigen Twister und die fischähnlichen Gummifische. Da sie im Vergleich zu Blinkern, Spinnern und Wobblern sehr günstig sind, sind sie genau richtig, um erste Erfahrungen beim Spinnfischen auf Hecht, Barsch und Zander zu sammeln. Die Weichplastikköder werden auf einen Einzelhaken geschoben, der in einen Bleikopf eingegossen ist. Achte darauf, dass die Größe des Bleikopfes zum Weichplastikköder passt. Der Hakenbogen sollte etwa mittig aus dem Gummifischchen oder Twister heraustreten. Auch diese Köder gibt es in allen Farben. Weichplastikköder bis sieben Zentimeter Länge sind gut für Barsche, längere für Hechte und Zander.

Das Zubehör

Zu den wichtigsten Gegenständen deiner Angelausrüstung gehört ein großer und geräumiger **Kescher**. Er darf ruhig eine Kantenlänge von 60 Zentimetern haben. Achte auch auf ein tiefes Netz. Außerdem brauchst du ein **Maßband**, einen **Fischtöter** (Schlagstock), ein **Messer**, eine **Schere** und einen **Hakenlöser**. Geradezu ideal zum Hakenlösen ist eine **Arterienklemme**. Außerdem sind die meisten Arterienklemmen zugleich ganz brauchbare Scheren. Damit du deinen Kleinkram verstauen kannst, solltest du dir einen **Gerätekasten** zulegen. Dabei kannst du viel Geld sparen, wenn du dich in einem Baumarkt umschaust. Nützlich sind auch **Rutenhalter**. Du kannst dir natürlich auch welche aus einer Astgabel schnitzen. Allerdings solltest du die selbst geschnitzten Rutenhalter dann auch mit nach Hause nehmen und nicht jedes Mal neue schnitzen. Wichtig ist auch **wetterfeste Kleidung** und ein Paar **feste Schuhe**. Je nach Geldbeutel kannst du dir auch noch einen **Angelschirm**, einen **Rucksack** und einen **Klappstuhl** besorgen. Auf jeden Fall solltest du ein **Fangbuch** führen, in dem du die wichtigsten Ergebnisse jedes Angeltages vermerkst. Schreib auf, welche Fischarten du mit welchen Ködern und Montagen gefangen hast. Wie war das Wetter? Wo hast du geangelt? Zu welcher Uhrzeit hast du gefangen? All das kann dir bei einer späteren Angelsitzung von Nutzen sein.
Die auf der nächsten Seite folgende Checkliste hilft dir beim Zusammenstellen deiner Grundausrüstung.

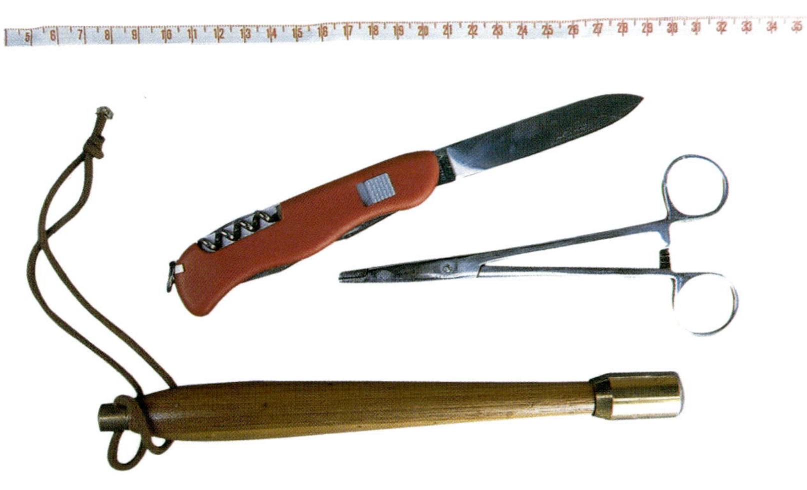

Maßband, Messer, Arterienklemme und Fischtöter gehören in jeden Angelkoffer. Aber Vorsicht bei der Benutzung von scharfen Geräten!

Deine Grundausrüstung

- 1 Allroundrute
  (Länge: ca. 2,40 bis 3,00 Meter, Wurfgewicht: ca. 20 bis 60 Gramm)

  oder

- 1 Grundrute
  (Länge: ca. 3,00 bis 3,60 Meter, Wurfgewicht: ca. 20/30 bis 60/80 Gramm)
- + 1 Spinnrute
  (Länge: ca. 2,10 bis 2,70 Meter, Wurfgewicht: ca. 10 bis 40 Gramm)
- 1 Stationärrolle
  (Schnurfassung: ca. 150 Meter 0,35-Millimeter-Schnur) mit Ersatzspule (Schnurfassung: ca. 150 Meter 0,25-Millimeter-Schnur)

  oder

- 1 Stationärrolle
  für die Grundrute (Schnurfassung: ca. 150 Meter 0,35-Millimeter-Schnur)
- + 1 Stationärrolle
  für die Spinnrute (Schnurfassung: ca. 150 Meter 0,25-Millimeter-Schnur)
- Karabinerwirbel
  (Größe 4, 8, 10 und 12)
- Fertig gebundene Vorfächer
  mit langschenkligen Weißfischhaken (Größe 10, 12 und 14)

  mit kurzschenkligen Karpfenhaken (Größe 2 und 6)

  mit Wurmhaken (Größe 2, 4 und 8)
- Stahlvorfach mit Drilling
  (Größe 2, 4, 6 und 8)
- Birnenbleie mit Karabinerwirbel
  (Gewicht: 10, 20, 30 und 60 g)
- Ein Sortiment Bleischrote
- Je ein schlanker Schwimmer
  mit einer Tragkraft von 2, 4 und 6 g
- Je ein bauchiger Schwimmer
  mit einer Tragkraft von 4, 7 und 10 g
- Je ein Waggler
  mit einer Tragkraft von 2, 4, 6 und 8 g
- Gummistopper
  zum Posenfischen mit Laufposen
- Blinker, Spinner, Wobbler
  zum Spinnfischen
- Twisterschwänze und Gummifische
  (5 und 10 cm) zum Spinnfischen
- Bleiköpfe
- Kescher

Maßband, Fischtöter, Messer, Schere

Arterienklemme oder Hakenlöser

- Gerätekasten
- Rutenhalter, Klappstuhl, Anglerschirm, Rucksack

Wetterfeste Kleidung und feste Schuhe

- Fangbuch

Knoten, Werfen, Köder

Kleine Knotenkunde

Es gibt unzählige Angelknoten, die auch alle ihre Berechtigung haben. Am Anfang kommst du aber mit einigen wenigen, wichtigen Knoten aus.

Dazu gehört der **verbesserte Clinch-Knoten**. Mit ihm befestigst du zum Beispiel Öhrhaken, Blinker oder Wirbel an der Schnur.

1 Führe das Schnurende durch das Hakenöhr.

2 Wickle das freie Schnurende fünfmal um die Schnur.

3 Führe das Schnurende zurück durch die Schlaufe am Hakenöhr.

4 Führe das Schnurende noch durch die große, obere Schlaufe.

5 Zieh den Knoten fest, indem du am Haken und an beiden Schnurenden kräftig ziehst.

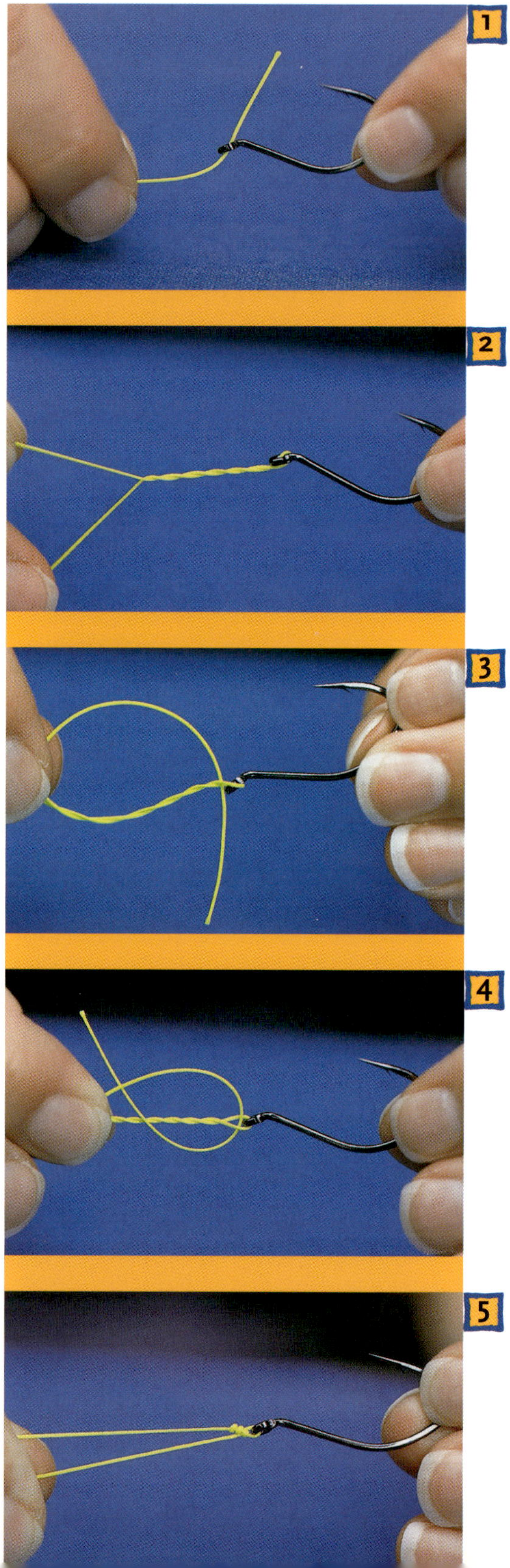

Tipps und Tricks

Bevor du die verschiedenen Knoten zusammenziehst, solltest du sie unbedingt mit Spucke anfeuchten. Dadurch rutscht die Schnur besser und die Knoten halten bombenfest.

Alle Knoten und wie ihr sie binden müsst, findet ihr in dem Buch »Angelknoten leicht gemacht« von Erwin Staub.

Andere Knoten

Blutknoten: zum Verbinden zweier Schnüre
Fassknoten: zum Verbinden zweier Schnüre
Hakenschaft-Knoten: für Plättchenhaken
Chirurgen-Knoten: Seitenarm-Montage
Nagelknoten: Seitenarm-Montage

Ebenfalls wichtig ist der **Schlaufenknoten**.

1 Nimm das Ende der Schnur und bilde eine einfache Schlaufe.

2 Mach mit der einfachen Schlaufe eine zweite Schlaufe.

3 Führe die erste Schlaufe durch die zweite Schlaufe.

4 Wiederhole den Vorgang noch einmal.

5 Zieh die Schlaufe zusammen.

Aus zwei Schlaufen kannst du eine **Schlaufenverbindung** machen, zum Beispiel zwischen Hauptschnur und Vorfach.

A Führe die Hauptschnurschlaufe in die Vorfachschlaufe.

B Zieh den Haken durch die Hauptschnurschlaufe.

C Zieh die Schlaufenverbindung auseinander, und eine Schlaufe hält die andere.

A

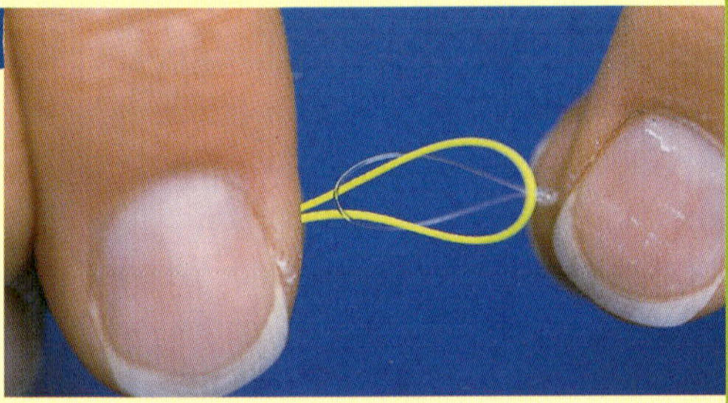

B

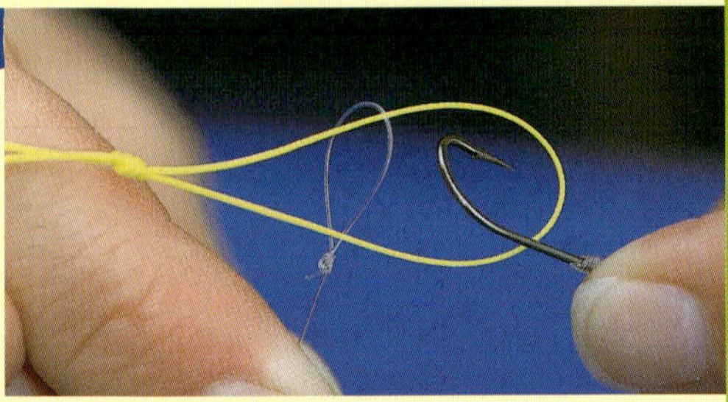

C

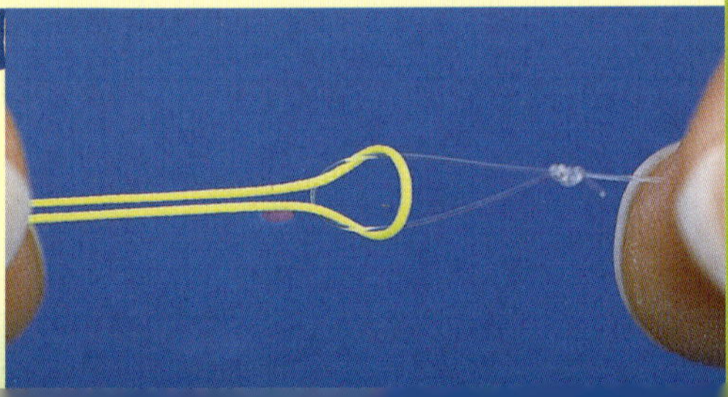

1

2

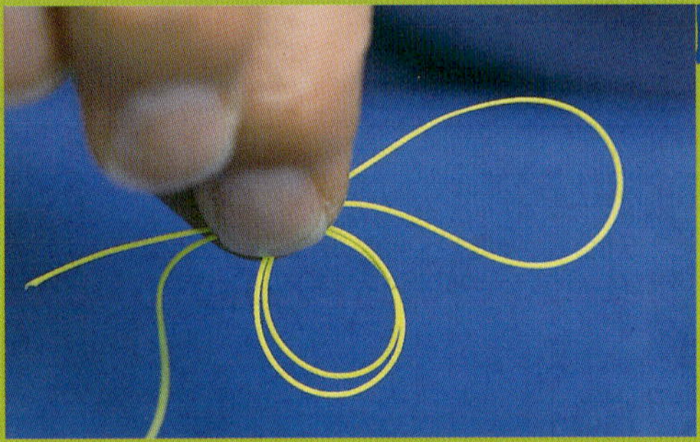

3

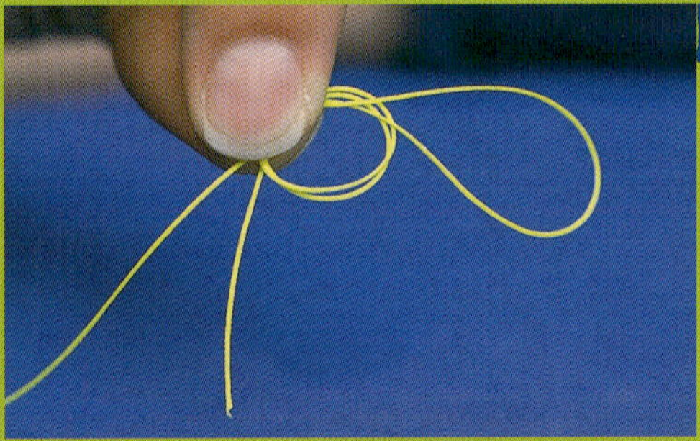

4

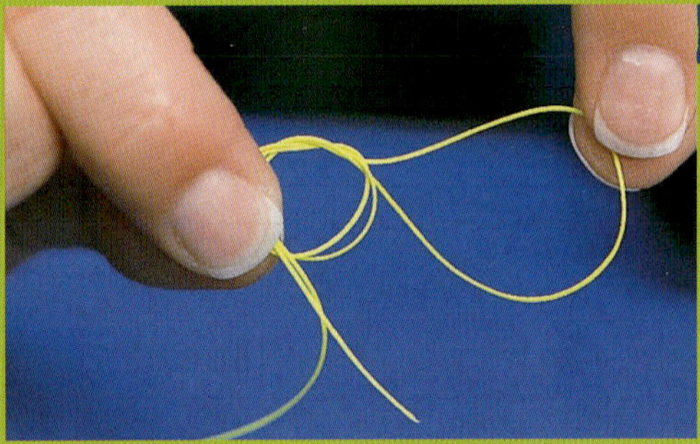

5

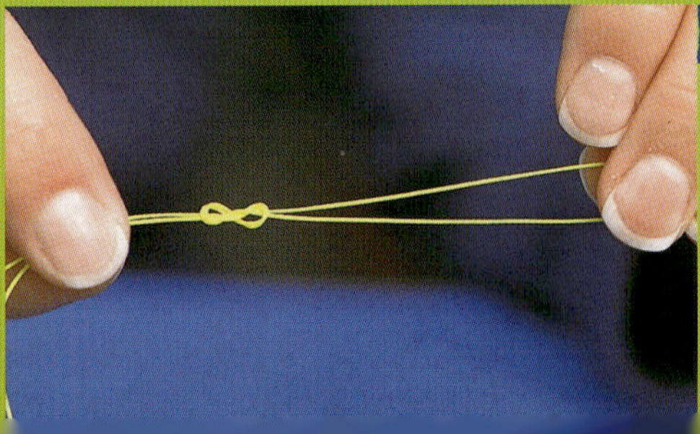

Beim Boilieangeln solltest du die Karpfen durch Anfüttern an den Köder gewöhnen.

Sehr in Mode sind zurzeit **Boilies**. Die Proteinköder sind aber leider sehr teuer. Eine billige Alternative dazu ist **Hundetrockenfutter**. Wenn du mit solchen Proteinködern angelst, solltest du vorher aber einige Tage anfüttern, um die Fische an den Köder zu gewöhnen.

Überhaupt ist **Anfüttern** eine gute Methode, um mehr Fische zu fangen. Wirf vor dem Angeln ein bis zwei Hand voll Mais oder einige aus angefeuchtetem Paniermehl geformte, hühnereigroße Teigkugeln an deine Angelstelle. Wenn das Beißen nachlässt, kannst du sparsam nachfüttern. Kleister deine Angelstelle aber nicht mit Futter zu. Schließlich willst du nur den Appetit der Fische anregen und nicht gleich ihre Mägen stopfen.

Tipps und Tricks

Wenn einmal gar nichts geht, lohnt es sich zu experimentieren. Versuch es doch einmal mit Ködercocktails: Mais/Made oder Wurm/Made.

Köder für jede Gelegenheit

Du solltest dir immer vor Augen halten, dass die verschiedenen Fischarten ganz unterschiedliche Nahrungsquellen nutzen. Entsprechend unterschiedlich sind auch die Köder, mit denen du sie fangen kannst.

Bei der Auswahl fängiger Köder hilft dir die **Ködertabelle** auf der nächsten Seite. Du musst aber bedenken, dass die Fängigkeit eines Köders von vielen Faktoren abhängt. Sie kann je nach Jahreszeit, Gewässer, Fischgröße oder Nahrungsangebot sehr stark schwanken. Mit Top-Ködern (***) und guten Ködern (**) wirst du aber früher oder später deinen Zielfisch fangen. Verlegenheitsköder (*) kannst du ausprobieren, wenn du keinen anderen Köder dabeihast oder einmal etwas Neues ausprobieren willst. Bei einigen Ködern ist es auch ratsam, die Fische erst durch mehrmaliges Anfüttern an diesen Köder zu gewöhnen. Solche Köder sind in der Tabelle durch Klammern ( ) gekennzeichnet.

Die große Köderübersicht

	Aal	Äsche	Bachforelle	Barbe	Barsch	Brachsen	Döbel	Hecht	Karausche	Karpfen	Regenbogen-forelle	Rotauge	Rotfeder	Schleie	Wels	Zander
Pflanzliche Köder																
Boilie										(***)				(**)		
Brot			*	**		**	**		**	**	*	**	**	**		
Hundetrockenfutter				(*)		(*)	(**)		(*)	(**)				(*)		
Kartoffel				*		(*)	(*)		(**)	(**)		(*)	**	(*)		
Käse				***		**	**		**	**		**	**	*		
Kirsche			*	*		*	**			*	*	*	**	*		
Mais				*		**	*		**	***	*	**	**	(**)		
Teig			*	**		**	**		**	**	**	**	**	**		
Tierische Köder																
Fischfetzen	**		**	*	**		**	**			**				**	**
Fliegenmade		**	**	**	**	***	**		**	**	**	***	***	**		
Frühstücksfleisch	*		**	**	**	**	**			*	**	*		*		
Köderfisch (tot)	***		**	*	***		**	***		*	**				***	***
Rotwurm/Mistwurm	**		**	**	***	***	**		**	**	**	**	**	***		*
Tauwurm	***		***	***	**	**	**	*	**	**	***	**	**	**	**	**
Spinnköder																
Blinker			**	*	**		**	**			**				**	**
Spinner		*	***	*	**	*	**	**			***				**	**
Köderfisch am System			**	*	**		**	***			**				**	***
Twister			**	*	***		**	**			**				**	***
Wackelschwanz			**		**		**	**			**				**	**
Wobbler			**		**		**	***			**				**	**

Solche dicken Karpfen liefern dir einen aufregenden Drill.

Jetzt wird es ernst – Auf zum Angeln

Anhieb, Drill und Landung

Der Anhieb

Sobald sich der erste Fisch für deinen Köder interessiert, wird es ernst: Du hast einen so genannten **Biss**. Wenn du mit einer Pose angelst, erkennst du einen Biss daran, dass deine Pose auf dem Wasser umherhüpft, zur Seite zieht oder sogar untertaucht. Beim Grundangeln mit offenem Schnurfangbügel setzt sich bei einem Biss plötzlich deine Angelschnur in Bewegung. Angelst du mit geschlossenem Schnurfangbügel, beginnt die Rutenspitze zu zucken. In allen drei Fällen heißt es, einen klaren Kopf zu bewahren. Denn nur in den wenigsten Fällen beißen Fische so fest und ungestüm in deinen Köder, dass sie sich von selbst haken. Meistens musst du nachhelfen und einen so genannten **Anhieb** oder **Anschlag** setzen, um den Haken sicher im Maul des Fisches zu verankern. Und der sollte genau im richtigen Moment erfolgen. Unter einem Anhieb versteht man das ruckartige Nach-hinten-Reißen der Rute.

Höchste Konzentration – ein Fisch spielt am Köder und der Anhieb muss sitzen.

Dadurch spannt sich die Schnur und der Haken wird ins Fischmaul getrieben. Wie gehst du also bei einem Biss am besten vor? Zunächst solltest du bei den ersten Anzeichen eines Bisses die Rute in die Hand nehmen. Halte die Rutenspitze in Richtung Wasser und beobachte genau, was mit der Schnur oder mit der Pose passiert. Liegt beim Posenfischen viel Schnur gekringelt auf der Wasseroberfläche, kurbelst du zunächst vorsichtig so lange Schnur ein, bis sie fast gespannt ist. So verhinderst du, dass dein Anhieb im Leeren verpufft. Sobald die Pose abtaucht oder die Schnur beim Grundangeln kontinuierlich zu laufen beginnt, solltest du deinen Anhieb setzen, indem du die Rute zügig von unten nach oben bewegst. Dabei muss der Schnurfangbügel unbedingt geschlossen sein.

Tipps und Tricks

Dein Anhieb muss umso stärker ausfallen, je weiter entfernt vom Ufer du angelst und je mehr Schnur lose im Wasser liegt. Bei kurzen Angelentfernungen ist dagegen viel Gefühl gefragt. Sonst kann es passieren, dass bei einem großen Fisch das Vorfach reißt.

Der Drill

Wenn du deinen Anhieb im richtigen Moment gesetzt hast, merkst du noch während der Bewegung nach hinten einen Widerstand. Je nach Größe des Fisches an deinem Haken biegt sich deine Rute mehr oder weniger stark durch. Jetzt beginnt der aufregendste Teil des Fischfangs, der so genannte **Drill**. Darunter versteht man den Versuch, den Fisch durch geschicktes Hantieren mit der Rute und durch Einkurbeln der Schnur nach und nach in Ufernähe zu bringen. Kleine Fische lassen sich meist relativ einfach herankurbeln. Anders sieht es bei großen, kampfstarken Fischen wie Karpfen, Barben oder Hechten aus. Oft antworten sie mit einer wilden, ersten Flucht, sobald sie den Haken spüren. Dann gilt es, einige Dinge zu beachten.

Regel Nummer eins: Immer cool bleiben! Panik bringt gar nichts. Jetzt ist Geduld und Geschick gefragt.

Regel Nummer zwei: Verlasse dich auf deine Rollenbremse! Früher oder später wird sie den Fisch ermüden – immer vorausgesetzt, du hast sie vor dem Angeln richtig eingestellt.

Regel Nummer drei: Achte auf die richtige Rutenhaltung! Idealerweise angelst du während des Drills mit einem 90-Grad-Winkel zwischen dem Handteil deiner Rute und der Schnur. Erstens federt dann die Rutenspitze die Stöße des Fisches optimal ab. Zweitens entwickelt der untere Teil der Rute so am meisten Kraft und der Fisch ermüdet schneller.

Nutze die Kraft deiner Rute, um den Fisch müde zu machen.

Regel Nummer vier: Die Schnur muss während des ganzen Drills immer unter Spannung stehen. Nur so bleibt der Haken garantiert im Maul des Fisches hängen.

Sobald der Fisch seine erste Flucht beendet hat, kannst du mit dem Einholen der Schnur beginnen. Bei großen Fischen ist das so genannte „Pumpen" eine gute Methode. Dabei ziehst du den Fisch durch Anheben der Rute ein Stück zu dir. Während du die Rute wieder absenkst, kurbelst du gleichzeitig die gewonnene Schnur ein. Dann wieder die Rute anheben und so fort. Kritisch wird es, wenn der Fisch auf ein Hindernis wie ein Seerosenfeld oder eine versunkene Wurzel zuschwimmt. Dann kannst du versuchen, den Fisch mit seitlich abgesenkter Rute zu einer Richtungsänderung zu bewegen. Solche Fluchten zu parieren gehört allerdings zu den schwierigsten Aktionen beim Fischen.

Tipps und Tricks

Bei einem großen Fisch ist es sinnvoll, ihn sich zuerst im freien Wasser austoben zu lassen. Wenn du den Fisch gleich Richtung Ufer ziehst, kann er in Ufernähe noch einmal „explodieren" und die Schnur zerreißen. Weiter draußen ist mehr Schnur zwischen dir und dem Fisch. Dadurch werden die heftigsten Fluchten besser abgepuffert und es kommt nicht zum Schnurbruch.

Die Landung

Wenn der Fisch „weiß“ zeigt, du also seinen Bauch sehen kannst, ist er reif für die **Landung** mit einem – möglichst großen – Kescher. Wenn dir jemand dabei hilft, sollte sich der Kescher schon im Wasser befinden. Zum einen sinkt das Keschernetz so besser ab. Zum anderen verhinderst du so, dass sich der Fisch durch das Eintauchen des Keschers erschreckt und erneut davonjagt. Dein Helfer sollte niemals aktiv nach dem Fisch schöpfen. Vielmehr ist es deine Aufgabe, den Fisch mit der Rute über den Kescher zu ziehen. Versuch dabei, den Kopf des Fisches über die Wasseroberfläche zu heben. Dein Freund darf den Kescher erst dann anheben, wenn der Fisch ganz über dem Netz schwimmt. Damit du noch länger Freude an deinem Kescher hast, sollte dein Freund den Kescherstiel jetzt senkrecht stellen und den Fisch nach oben aus dem Wasser heben. Andernfalls knickt unter Umständen der Kescherstiel bei einem großen Fang. Wenn du alleine angelst, läuft der ganze Vorgang im Prinzip genauso ab. Nur dass du eben in deiner einen Hand die Rute hältst und in deiner anderen den Kescher.

Vorsicht beim Keschern: Sonst geht der Fisch noch im letzten Moment verloren.

Fair fischen – vom richtigen Umgang mit der Beute

Fische sind Lebewesen wie du und ich. Deshalb haben sie deinen Respekt und deine Sorgfalt verdient. Gehe also so schonend wie möglich mit ihnen um. Das bedeutet auch: Wenn du einen Fisch mit nach Hause nehmen willst, töte ihn fachmännisch und schnell. Schon während du einen Fisch landest, solltest du dir Gedanken darüber machen, ob du ihn zurücksetzen willst oder ob er für den Kochtopf bestimmt ist. Fische, die zu klein sind oder während der Schonzeit gefangen werden, musst du unbedingt zurücksetzen.

Das richtige Zurücksetzen von Fischen

Fische sind Wasserlebewesen. An Land sind sie nicht nur sehr verletzlich, sie kommen auch sehr schnell in Sauerstoffnot, weil sie mit ihren Kiemen keinen Sauerstoff aus der Luft aufnehmen können. Deshalb solltest du sie immer so kurz wie möglich der Luft aussetzen. Besonders empfindlich ist auch die Schleimschicht ihrer Schuppen. Aus diesem Grund darfst du Fische, die du zurücksetzen möchtest, nur mit **nassen Händen** berühren. Um den Haken zu lösen, legst du den Fisch am besten auf eine feuchte, glatte Unterlage. Das kann der feuchte Kescher sein, der vor dir im weichen Gras liegt, oder eine spezielle Abhakmatte. Du kannst auch ein feuchtes Tuch oder eine große Plastiktüte ver-

Mit einem schweren Blei kannst du sogar in einem schnell strömenden Fluss einen Köder präzise an einer Stelle anbieten und dort über längere Zeit liegen lassen. Wobei der Grundsatz lautet: Je stärker die Strömung und je größer die Wurfentfernung, desto schwerer muss das verwendete Blei sein. Grundsätzlich solltest du jedoch immer so leicht fischen wie möglich. Im Folgenden stelle ich dir ein paar Grundangelmethoden vor.

Paniermehl ist ein billiges Lockfutter beim Angeln mit Futterkörbchen.

Mit Futterkorb und Zitterspitze auf Rotaugen und Brachsen

Maden- oder Futterkörbe sind ideal geeignet, um direkt an der Angelstelle anzufüttern und Fische in die Nähe deines Köders zu locken. Solche Körbe kannst du entweder im Angelladen kaufen oder aus leeren Filmdosen selber basteln. Sie werden anstelle des Birnenbleis als Wurfgewicht eingesetzt. Am besten montierst du den Korb an einem kurzen Seitenarm so auf die Hauptschnur, dass er frei auf der Hauptschnur laufen kann. Als Stopper vor dem Wirbel ziehst du eine Perle auf. Sie verhindert, dass beim Auswerfen die Schnur beschädigt wird. Als Lockmittel füllst du angefeuchtetes Paniermehl in den Futterkorb. Du kannst das Paniermehl zusätzlich mit Maden vermischen, die bei dieser Art der Angelei auch ein super Hakenköder sind. Du kannst es aber auch mit Mais oder Mistwürmern am Haken versuchen. Der ideale Bissanzeiger beim Futterkorbangeln ist in meinen Augen eine Zitterspitze (es gibt für diese Angelmethode spezielle Feeder- und Winkelpickerruten, wenn deine Rute eine recht feine Spitze hat, reicht das aber auch). Am besten legst du die Angel so auf zwei Rutenhaltern ab, dass sie parallel zum Ufer zu liegen kommt und einen 90-Grad-Winkel zur Schnur bildet. Dann kurbelst du so lange Schnur ein, bis die Zitterspitze an deiner Rute ganz leicht gebogen ist. Der Schnurfangbügel bleibt geschlossen. Sobald ein Fisch am Köder spielt, zuckt die Spitze. Du musst sehr aufmerksam sein und möglichst sofort anschlagen. Sonst kann es dir passieren, dass dir ein großer Fisch die Rute vom Ständer reißt und ins Wasser zieht. Mit dieser Methode kannst du nicht nur Rotaugen und Brachsen fangen, sondern auch Schleien. Manchmal beißen sogar Karpfen.

Tipps und Tricks

Das Angeln mit der Zitterspitze ist die ideale Grundangelmethode für zaghaft beißende Fische.

Mit der Grundangel auf Karpfen

Bei der Grundangelei auf Karpfen kannst du zwei verschiedene Methoden anwenden. Bei der klassischen Methode läuft das Birnenblei frei auf der Schnur (**Durchlaufmontage**). Du montierst es oberhalb des Wirbels auf der Hauptschnur. Wenn ein Karpfen beißt, zieht er die Hauptschnur durch die Öse am Birnenblei, ohne einen Widerstand zu bemerken. Bei dieser Methode angelst du mit offenem Schnurfangbügel. Den Biss zeigt dir zum Beispiel ein Stückchen Styropor an, das du vor der Rutenspitze auf die Hauptschnur geklemmt hast. Damit die Methode funktioniert, muss der Karpfen ungehindert Schnur abziehen können. Deshalb musst du deine Rute so auf zwei Rutenhaltern ablegen, dass sie genau in Richtung Angelstelle zeigt. Außerdem musst du den Anhieb im richtigen Moment setzen. Warte also, bis die Schnur nicht nur zuckelt, sondern richtig läuft.

Alternativ kannst du auch mit einem schweren Festblei (**Flucht- oder Selbsthakmontage**) auf Karpfen angeln. Bei dieser Montage haken sich die Karpfen selbst. Dazu brauchst du ein 50 bis 80 Gramm schweres Blei, das fest am nur 15 bis 20 Zentimeter langen Vorfach befestigt ist. Der Köder – etwa mehrere Maiskörner, ein Boilie oder Frolic – wird nicht direkt auf den Haken gespießt, sondern hängt frei, maximal 1 cm unter dem Hakenbogen auf dem so genannten Haar. Bei dieser „**Haarmontage**“ saugt der Karpfen den Köder samt Haken ein und die Hakenspitze bleibt vorne im Maul hängen. Der Fisch erschrickt und flüchtet. In dem Moment spannt sich das kurze Vorfach gegen das Gewicht des Bleis und treibt den Haken noch tiefer ins Maul. Der Fisch hakt sich selbst. Dennoch solltest du zur Sicherheit sofort einen Anhieb setzen. Am besten funktioniert diese Angelmethode übrigens in Verbindung mit einer Freilaufrolle.

Tipps und Tricks

Mit einer Durchlaufmontage kannst du natürlich auch auf viele andere Grundfische angeln, die nicht zu zaghaft beißen. Die Selbsthakmontage in Kombination mit der Haarmontage bewährt sich nicht nur bei Karpfen, sondern auch bei Schleien und Barben.

Nachtangeln auf Aal

Eine richtig aufregende Angelmethode ist das Nachtangeln auf Aale. Alles, was du dazu brauchst, ist eine stabile Grundrute, ein Birnenblei und ein Aalglöckchen als Bissanzeiger. Am besten beköderst du einen Wurmhaken mit einem dicken Tauwurm und stellst die Rute fast senkrecht in den Rutenständer. Das Aalglöckchen befestigst du an der Rutenspitze, der Schnurfangbügel bleibt geschlossen. Zieh so viel Schnur ein, dass sie ordentlich unter Spannung steht. Wenn sich ein Aal an deinem Köder zu schaffen macht, beginnt das Glöckchen sofort zu bimmeln.

langsamer ab, was auf die Fische natürlicher wirkt. Optimal austariert ist deine Pose, wenn nur noch die Antenne ein Stückchen aus dem Wasser ragt. Dann setzt sie einem beißenden Fisch den geringstmöglichen Widerstand entgegen und zeigt dir auch kleinste Zupfer an. Jetzt kommt der nächste Schritt, das **Einstellen der Angeltiefe**. Wenn du nahe der Oberfläche angeln willst, ist das nicht besonders schwierig: Schieb einfach die Feststellpose oder der Gummistopper (Laufpose) möglichst nahe zum Wirbel. Schon fischst du – je nach Länge deines

Lotbleie kannst du selber basteln (links) oder kaufen (rechts).

Vorfachs – in etwa 50 Zentimeter Tiefe. Oft ist es aber sinnvoll, ganz knapp über dem Grund zu angeln, da sich dort die

Tipps und Tricks

Beim Austarieren der Pose gehst du am besten Bleischrot für Bleischrot vor. Klemm also ein Bleischrot an die Hauptschnur, wirf die Montage ins Wasser und schau, was passiert: Wenn die Pose auf der Wasseroberfläche umkippt oder noch ein Teil des Posenkörpers aus dem Wasser herausschaut, hast du noch zu wenig Blei angeklemmt. Taucht sie ganz unter, ist es bereits zu viel. Schaut nur die Antenne aus dem Wasser, stimmt die Bebleiung. Diese Vorgehensweise funktioniert allerdings nur, wenn die Bleischrote nicht auf dem Gewässerboden aufliegen. Stell also deine Feststellpose oder den Gummistopper deiner Laufpose so ein, dass die Bleischrote immer frei im Wasser schweben.

Ein Lotblei kannst du dir leicht selber basteln. Alles, was du dazu brauchst, ist eine Bleikugel, ein Nagel, ein Stück Draht, einen halben Flaschenkorken und etwas Sekundenkleber. Klopf die Bleikugel platt und kleb sie unter den Korken. Mit einem heißen Nagel bohrst du noch ein Loch durch Korken und Bleiplatte. Führ den Draht durch das Loch und form ihn auf der Korkoberseite zu einer kleinen Öse. Unter der Bleiplatte biegst du den Draht um, damit er nicht durchrutschen kann. Wenn du jetzt die Gewässertiefe ausloten willst, führst du einfach den Haken durch die Öse und hakst ihn zusätzlich im Kork fest. Der Clou dabei: Beim Grundangeln kannst du das selbst gebastelte Lotblei auch als Stehaufmännchen-Blei für schlammigen Grund verwenden.

Wenn die Fische in Grundnähe nicht beißen, solltest du mit der Tiefeneinstellung deines Schwimmers herumspielen. Manchmal halten sich die Fische auch in höheren Wasserschichten auf.

meisten Fische aufhalten. Jetzt ist ein **Lotblei** sinnvoll, das du um den Haken klemmst. Es erhöht das Gewicht deiner Montage und zieht die Pose unter Wasser. Taucht die Pose an deinem Angelplatz unter, ist deine Montage noch zu flach eingestellt. Legt sich der Schwimmer dagegen auf der Wasseroberfläche quer, liegen Lotblei und Bleischrote auf dem Grund auf. In diesem Fall ist die Montage noch zu tief eingestellt. Verschiebe die Pose auf der Hauptschnur so lange, bis nur die Antenne aus dem Wasser ragt. Dann angelst du genau am oder knapp über dem Grund. Jetzt musst du nur noch das Lotblei durch deinen Köder ersetzen.

Posenangeln mit der Liftmontage

Das Posenangeln auf am Boden lebende Friedfische wie Brachsen, Schleien, Karauschen oder Karpfen spielt sich meist unmittelbar am Grund ab. Dabei hat sich die so genannte **Lift- oder Hebemontage** bewährt. In diesem besonderen Fall darfst du ein kleines Bleischrot als so genanntes „Bissblei" fünf Zentimeter vom Haken entfernt auf das Vorfach klemmen. Es sollte beim Angeln – zusammen mit Haken und Köder – gerade so auf dem Gewässergrund aufliegen. Du musst also die Gewässertiefe ganz genau ausloten. Sobald eine Schleie kommt und sich für deinen Köder interessiert, hebt sie zusammen mit dem Köder auch das Bissblei auf. Dadurch entlastet der Fisch die Pose und die Antenne und ein Teil der Pose steigt aus dem Wasser. Für dich genau der richtige Zeitpunkt, um den Anhieb zu setzen. Auch wenn du ohne Bissblei angelst, ist der richtige Zeitpunkt des Anhiebs wichtig. Beim Angeln im Mittelwasser oder knapp über dem Grund solltest du erst dann anschlagen, wenn die Pose untertaucht oder deutlich zur Seite wegzieht. Hüpft sie dagegen nur auf der Wasseroberfläche, ist es für einen Anhieb meist noch zu früh.

Ein wirklich schöner Karpfen ist auf die Liftmontage hereingefallen.

Tipps und Tricks

Durch Anfüttern mit Paniermehl oder Mais kannst du Friedfische oft für lange Zeit an deiner Angelstelle halten.

Posenangeln in Fließgewässern

Alles andere als einfach ist das Posenangeln in Bächen und Flüssen. Durch die Strömung treibt die Pose immer wieder ab und der Köder sinkt lange nicht so schnell in Grundnähe. Die Strömung hat aber auch Vorteile. Sie hilft dir dabei, einen großen Bereich aktiv abzufischen. Lass einfach die Pose über mehrere Meter abtreiben (Fachbegriff: driften) und hol sie dann wieder ein. Während du die Pose abtreiben lässt, kannst du den Köder an deinem Haken verführerisch spielen lassen, indem du die Pose ab und zu kurz anhältst, also keine weitere Schnur freigibst. Der Strömungsdruck lässt dann den Köder in Richtung Oberfläche aufsteigen. Allgemein solltest du in Fließgewässern dickbauchige Schwimmer verwenden. Sie liegen viel ruhiger im Wasser und lassen sich im Drift leichter kontrollieren als dünne Posen.

Tipps und Tricks

Beim Posenangeln in Fließgewässern solltest du die Bleischrote auf der Hauptschnur enger zusammenrücken. Dadurch sinkt der Köder in der Strömung schneller ab.

Mit Pose, Stahlvorfach und totem Köderfisch auf Hecht.

Spinnfischen

Zu den spannendsten Angelmethoden auf Raubfische gehört das Spinnfischen. Bei dieser Art der Angelei bist du ständig in Bewegung und versuchst, Hechte, Barsche, Zander oder Forellen zu fangen, indem du Kunstköder immer wieder ins Wasser wirfst und dann einkurbelst. Kunstköder gibt es aus Holz, Metall, Gummi oder Plastik. In den meisten Fällen imitieren sie Beutefische (die wichtigsten Kunstköder wie Blinker, Spinner, Wobbler und Weichplastikköder sind im Kapitel über die Angelausrüstung beschrieben).

Zum Aufbewahren deiner Spinnköder sind solche Kunststoffboxen gut geeignet.

Die Köderführung

Das A und O beim Spinnfischen ist die richtige Köderführung. Wenn du mit **Spinnern** angelst, ist alles noch relativ einfach. Da reicht es schon, wenn du den Köder nach dem Auswerfen mit gleich bleibender Geschwindigkeit wieder einkurbelst. Das Spinnerblatt beginnt zu rotieren und reizt die Raubfische zum Biss. Unschlüssige Fische, die hinter deinem Spinner längere Zeit herschwimmen, kannst du manchmal durch eine plötzliche Erhöhung der Einholgeschwindigkeit zum Biss bewegen.

Schwieriger wird es schon beim Angeln mit **Blinkern**. Wenn du sie einfach nur lustlos einkurbelst, bringst du dich um die besten Chancen. Schließlich soll dein Blinker ein krankes, taumelndes Köderfischchen nachahmen. Und kranke Fische schwimmen nun mal nicht flink und mit gleich bleibender Geschwindigkeit durchs Wasser. Versuch also deinem Blinker Leben einzuhauchen, indem du mal schneller, mal langsamer kurbelst. Du kannst auch immer wieder kurze Stopps einlegen: Dann taumelt dein Blinker dem Grund entgegen. Sobald du wieder anziehst, bewegt er sich erneut nach oben. Das täuscht dem Raubfisch ein flüchtendes Fischlein vor und reizt ihn oft zum Biss. Zusätzlich kannst du natürlich die Taumelbewegung deines Blinkers durch zuckende Bewegungen deiner Rutenspitze verstärken.

Tipps und Tricks

Mach dich im flachen, klaren Wasser mit den Laufeigenschaften deiner Blinker, Spinner, Wobbler und Weichplastikköder vertraut. Teste sie bei verschiedenen Einholgeschwindigkeiten und beobachte genau, wie sie reagieren, wenn du für eine Sekunde mit dem Kurbeln aufhörst. So weißt du später beim Angeln immer ganz genau, was dein Köder unter Wasser gerade macht.

Helle Spinner sind gut bei trübem Wasser, dunkle Spinner bei klarem.

Wobbler sind sehr, sehr fängige Köder, aber leider auch etwas teuer.

Wobbler sehen echten Fischchen am ähnlichsten, sind aber meist ziemlich teuer. Schwimmwobbler sind vor allem für flache Gewässer gute Köder, da sie erst untertauchen, wenn du die Schnur einkurbelst. Sie sind auch klasse, wenn du unter einem überhängenden Baum in Ufernähe fischen willst. Du musst einfach den Wobbler mit der Strömung unter dem Baum hindurchtreiben lassen. Sobald du mit dem Einholen beginnst, taucht er ab und fischt dabei die Superstelle ab. Dabei kannst du durch gelegentliche Stopps die Reizwirkung deines Wobblers noch erhöhen. **Weichplastikköder** wie Twister und Gummifische sind für Anfänger erste Wahl, da sie fängig, aber nicht teuer sind. Wenn du sie einfach nur einkurbelst wie einen Spinner, wackeln sie bereits verführerisch mit ihren beweglichen Schwänzen. Besser ist es allerdings, Weichplastikköder in kleinen Hüpfern über den Grund springen zu lassen. Wirf den Twister also aus und warte, bis er auf dem Grund angekommen ist. Dann kurbelst du die Schnur so weit ein, bis sie unter Spannung steht. Jetzt geht es los: Zupf den Twister mit kleinen Sprüngen zu dir heran, indem du die Rute in kleinen Rucken immer weiter anhebst. Sobald deine Rute in der Senkrechten ist, senkst du sie ab und kurbelst gleichzeitig die frei werdende Schnur ein. Dann beginnt der ganze Vorgang von neuem. Jedes Mal, wenn du die Rute anhebst, wird dein Twister einige Zentimeter vom Grund weggezogen. Danach sinkt er wieder zum Boden und schlägt mit dem Bleikopf auf dem Grund auf, wobei er ein verführerisches Schlamm-

Twister und Gummifische sind Köder, die man über den Gewässerboden zupft.

Jeder Kunstködertyp erfordert eine andere Köderführung.

wölkchen erzeugt. Gerade in der Absinkphase solltest du peinlich darauf achten, dass deine Schnur unter Spannung steht. Viele Fische beißen genau in diesem Moment.

Tipps und Tricks

Den Bleikopf eines Weichplastikköders solltest du immer so montieren, dass der Haken – nachdem du ihn durch das „Maul" des Köders geschoben hast – am Rücken wieder heraustritt. Dabei sollten Hakenbogen und Spitze des Hakens völlig frei liegen. Mit dieser Montage hast du nicht nur die besten Chancen, einen Fisch zu haken, sondern auch am wenigsten Hänger.

Übrigens wirken all die verschiedenen, farbigen Spinnköder nicht nur optisch, also auf den Augensinn eines Raubfisches. Wenn du einen solchen Kunstköder einholst, erzeugt er im Wasser auch Druckwellen, die den Raubfisch anlocken. Er registriert diese Wellen mit seinem in der Seitenlinie untergebrachten Ferntastsinn.

Die Angeltaktik

Spinnfischen ist ideal dazu geeignet, in verhältnismäßig kurzer Zeit große Bereiche eines Gewässers abzufischen. Dabei solltest du allerdings nach Plan vorgehen. Es macht wenig Sinn, deinen Spinnköder gleich 50 Meter weit hinauszudonnern, einmal einzukurbeln und dann zum nächsten Angelplatz zu rennen. Lass dir an den einzelnen Angelplätzen lieber etwas mehr Zeit und fisch sie sorgfältig und systematisch ab. Am besten beginnst du mit Würfen parallel zum Ufer und mit kurzen Würfen vor deine Füße. Wenn du jetzt einen Fisch hakst, verscheuchst du nicht andere Raubfische, die weiter draußen auf Beute lauern. Es hat sich bewährt, die einzelnen Angelstellen **trichterförmig abzufischen**. Die weitesten Würfe machst du an jeder Angelstelle erst am Schluss. Am besten lässt du nach jedem

Wurf den Köder erst bis zum Grund absinken, ehe du mit dem Einholen beginnst. Versuch jedes Mal, deinen Spinnköder unter Wasser zum Leben zu erwecken, indem du die Einholgeschwindigkeit und Köderführung immer wieder änderst. Hol ihn auf keinen Fall zu schnell ein.

Tipps und Tricks

Zähle nach dem Wurf langsam bis zehn und beginne erst danach mit dem Einholen des Köders. Dann kannst du – außer in ganz tiefen Gewässern – sicher sein, dass dein Spinnköder den Boden erreicht hat.

Wichtig sind auch die letzten Meter. Du solltest auf keinen Fall in Hektik verfallen und jetzt hastig deinen Spinnköder einkurbeln, weil eh nichts mehr beißt. Denn oft verfolgt ein unschlüssiger Räuber deinen Köder bis kurz vor deine Füße. Angler sprechen in diesem Fall von einem „Nachläufer". Solche Fische kannst du nur fangen, wenn du bis zum Ende konzentriert weiterangelst.

Sobald du einen harten Schlag, einen leichten Ruck oder nur ein feines Ziehen an deiner Rute verspürst, solltest du einen kräftigen **Anhieb** setzen. In manchen Fällen hast du nur einen Hänger. Aber genauso oft ist es ein Fisch, der auf deinen Köder hereingefallen ist.

Am besten fischst du jede Angelstelle trichterförmig ab.

Richtiges Verhalten am Wasser

Wer sich am Wasser geschickt verhält, fängt mehr. Hier also einige grundlegende Tipps, die dich zu einem erfolgreichen Angler machen.

Clever angeln

Fische sehen durchaus, was außerhalb des Wassers vor sich geht. Deshalb solltest du auf deine **Tarnung** achten. Am besten positionierst du dich vor Bäumen oder Sträuchern. Dann löst sich deine Gestalt vor dem Hintergrund auf und der Fisch kann dich nicht so gut erkennen. Beim Angeln in Ufernähe ist ein Sichtschutz zum Wasser hin – etwa ein Schilfgürtel oder ein Baum – wichtig. Es macht auch durchaus Sinn, tarnfarbene Kleidung anzuziehen. Außerdem solltest du unnötiges Rumgehopse vermeiden: Bewegungen sehen Fische besonders gut. Da Fische auch sehr gut hören, solltest du unnötige Geräusche vermeiden und möglichst leise sprechen. Überhaupt solltest du dich beim Angeln möglichst **ruhig verhalten**. Ein zu heftig abgestellter Gerätekasten oder ein zu starkes Aufstampfen kann deinen ganzen Angeltag vermiesen. Solche Bodenerschütterungen am Ufer pflanzen sich nämlich als Druckwellen im Wasser fort. Mit ihrem empfindlichen Seitenliniensys-

Mit einem Fernglas kannst du genau beobachten, wo die Fische gerade aktiv sind.

Wer darf angeln?

In Deutschland kannst du nicht einfach mit deiner Angelrute losziehen und am nächstbesten Gewässer mit dem Angeln beginnen. Ob und in welcher Form du angeln darfst, hängt von deinem Alter ab. Die genauen Bestimmungen unterscheiden sich von Bundesland zu Bundesland. In Bayern zum Beispiel darfst du – wenn du noch keine 10 Jahre alt bist – zwar einem erwachsenen Angler beim Fischen helfen, aber noch nicht selbstständig angeln. Ab 10 Jahre darfst du in Bayern unter der ständigen Aufsicht eines erwachsenen Anglers selbstständig angeln – allerdings nur, wenn du dir vorher einen Jugendfischereischein (dengibt es im Ordnungsamt im Rathaus deines Heimatorts) und einen Erlaubnisschein für das entsprechende Angelgewässer besorgt hast. Ab 14 Jahren kannst du in Bayern auch alleine zum Angeln gehen – wenn du zuvor die **staatliche Fischerprüfung** bestanden hast. Auf die Fischerprüfung musst du dich in einem Kurs vorbereiten, in dem du viele nützliche Dinge über Fische, Gewässerkunde, Angelgeräte und rechtliche Angelbestimmungen lernst. Diese Fischerprüfung ist die Voraussetzung dafür, dass du dir einen Fischereischein für Erwachsene kaufen kannst (den gibt es wie den Jugendfischereischein im Ordnungsamt). Wenn du jetzt noch einen Erlaubnisschein für dein Angelgewässer, zum Beispiel eine Tages-, Wochen- oder Jahreskarte, kaufst, darfst du ohne Aufsicht angeln. Du siehst schon: Die Angelbestimmungen sind auf den ersten Blick sehr kompliziert. Und das waren jetzt nur die Bestimmungen für Bayern. Aus diesem Grund rate ich dir: Gehe zum nächsten Angelverein und erkundige dich dort nach den genauen Bestimmungen in deinem Bundesland. Außerdem gibt es in den meisten Vereinen Jugendgruppen, in denen du unter der sachkundigen Anleitung eines Jugendleiters alles übers Angeln lernen kannst. Auch die Vorbereitung auf die Sportfischerprüfung fällt dir zusammen mit den Freunden aus deiner Jugendgruppe viel leichter.

Fischsteckbriefe für unterwegs

Fischsteckbriefe zum Sammeln

Wo kannst du dir Erfahrungen »einfangen?«

Fachzeitschriften

Fisch & Fang, Raubfisch, Blinker

Internet

www.fische.de, www.fischerweb.de, www.anglerboard.de, www.maxno-ek.com

Bücher

John Bailey: **„Das Kosmos Buch vom Angeln“**, Georg Duwe: **„Zielfische angeln“**, Thomas Gretler: **„Clever und erfolgreich angeln“**, Andreas Janitzki: **„Das 1 mal 1 des Angelns“**, Andreas Janitzki: **„Karpfen angeln“**, Edmund Rehbronn: **„Handbuch für den Angelfischer“** (das ist die optimale Vorbereitung auf deine Fischerprüfung), Andreas Janitzki: **„Die fängigsten Köder“**, Thomas Gretler: **„Die besten Anglertricks“**

Fischsteckbriefe zum Sammeln

Den unten abgebildeten Steckbrief kannst du kopieren und selber ausfüllen, sooft du willst. Wie es funktioniert, siehst du an den 16 Steckbriefen, die du auf den nächsten Seiten findest. Alle Fische, die du fängst, die aber nicht bei diesen Steckbriefen dabei sind, kannst du dir nun selber als Steckbrief anlegen. Ein Bild des Fisches kannst du malen oder ein Foto deines Fanges einkleben.

NAME

Merkmale

Lebensweise

Lebensraum

Fang

Bachforelle *Salmo trutta forma fario*

Merkmale

Lang gestreckter, torpedoförmiger Körper. Fettflosse. Großes Maul mit vielen kleinen, spitzen Zähnen. Rücken grünlich bis bräunlich. Flanken heller, meist silbern oder golden. Charakteristisch sind die meist hell umrandeten, schwarzen und roten Flecken auf den Flanken. Die roten Flecken unterscheiden die Bachforelle von den nahe verwandten Meer- und Seeforellen.

Lebensraum

Bachforellen lieben klares, sauerstoffreiches Wasser. Sie leben vor allem in schnell fließenden Bächen, kleinen Flüssen und in klaren, kalten Seen.

Lebensweise

Bachforellen sind standorttreue Fische, die auf Versteckmöglichkeiten angewiesen sind. Gute Fangplätze liegen an unterspülten Ufern, zwischen Steinen, in tiefen Gumpen und unter überhängenden Zweigen. Oft lauern die Forellen in Gegenströmungen und Wirbeln auf kleine Fischchen, Kleinkrebse, Insekten und deren Larven.

Fang

Mit der leichten Spinnrute und kleinen Spinnern, Blinkern und Wobblern. Mit Würmern solltest du nicht auf Bachforellen fischen, da selbst kleine Forellen den Wurm oft tief schlucken. Am besten beißen Bachforellen zwischen Mai und September. Top: morgens und abends.

Äsche *Thymallus thymallus*

Merkmale

Lang gestreckter, seitlich abgeflachter Körper mit kleinem Kopf und kleinem, leicht unterständigen Maul. Rücken grau, Flanken silbern bis messingfarben. Fettflosse zwischen Rücken- und Schwanzflosse. Auffallendstes Kennzeichen ist die hohe Rückenflosse, die auch „Fahne“ genannt wird. Beim Männchen ist die Rückenflosse größer als beim Weibchen. Die Pupille im Auge der Äsche ist nach vorne zugespitzt.

Lebensraum

Äschen leben fast ausschließlich in sauerstoffreichen, kühlen, rasch fließenden Bächen und Flüssen. In Seen findet man sie nur in der Nähe von Einmündungen.

Lebensweise

Kleine Äschen leben oft gesellig in kleinen Gruppen. Alte Fische werden dagegen zu Einzelgängern und halten sich meist in mäßiger Strömung in Grundnähe auf. Gute Fangplätze findest du am Ende rasch strömender Rinnen, unterhalb von Wehren und Wasserfällen sowie an Stellen, an denen zwei Strömungen aufeinander treffen.

Fang

Mit etwas Glück kannst du sie mit einer leichten Spinnrute und einem winzigen Spinner überlisten. Ebenfalls fängig sind Maden und kleine Würmer an der Grund- oder Posenangel. Am besten beißen Äschen im Juni und Juli sowie von September bis November.

Regenbogenforelle Oncorhynchus mykiss

Merkmale
Lang gestreckter, torpedoförmiger Körper mit Fettflosse und großer Maulspalte. Auffallendes, rötlich bis violett schillerndes „Regenbogenband" auf den ansonsten silbrigen Flanken. Der ganze Körper ist – ebenso wie Rücken-, Fett- und Schwanzflosse – mit kleinen schwarzen Punkten übersät. Von der Bachforelle unterscheidet sich die Regenbogenforelle durch die schwarzen Flecken auf der Schwanzflosse und das Fehlen von roten Punkten.

Lebensraum
Regenbogenforellen bewohnen die Forellen- und Äschenregionen unserer Fließgewässer sowie kalte Seen.

Lebensweise
Die aus Nordamerika eingebürgerte Regenbogenforelle verträgt höhere Wassertemperaturen und ist nicht ganz so versteckbedürftig wie die einheimische Bachforelle. Auf der Suche nach kleinen Fischen, Krebsen, Insekten und deren Larven schwimmt sie oft weite Gewässerstrecken ab. Gute Angelstellen liegen hinter Steinen, in tiefen Gumpen, unter überhängenden Zweigen und an unterspülten Ufern – aber auch in der freien Strömung, etwa am Grund tiefer Rinnen.

Fang
Mit der leichten Spinnrute und kleinen Spinnern, Blinkern und Wobblern. Gut sind auch Forellenteig und Würmer an der Posenrute. Diese Köder werden aber oft tief geschluckt. Beste Fangzeit: Juni bis Oktober.

Barbe Barbus barbus

Merkmale
Lang gestreckter, muskulöser Körper mit deutlich abgeflachtem Bauch. Der Rücken ist meist braun bis graugrün gefärbt, die Flanken sind heller und glänzen oft golden. Die Bauchseite ist weißlich. Auffälligstes Kennzeichen der Barbe ist das große, unterständige Maul mit seinen dicken, fleischigen Lippen und dem charakteristischen Schnauzbart aus vier Bartfäden an der Oberlippe.

Lebensraum
Barben sind Flussfische. Sie besiedeln vor allem den Mittellauf größerer Flüsse, die so genannte Barbenregion.

Lebensweise
Barben sind Grundfische, die oft in großen Schwärmen über kiesigen oder sandigen Böden in der Strömung stehen. Dort suchen sie mit ihren unterständigen Mäulern den Gewässerboden nach Nahrung ab. Gute Angelstellen findest du im Auslauf großer Wehre und Wasserfälle, am Rand schnell strömender Gewässerabschnitte, über Kiesbänken und in tiefen Gumpen. Interessant wird es abends: Dann wandern große Barben zur Nahrungssuche ins flache Uferwasser.

Fang
Eine stabile Grundrute ist das richtige Gerät, um auf Barben zu angeln. Am besten bietest du den kampfstarken Fischen einen stark duftenden Naturköder an einer Laufbleimontage an. Gute Köder sind Tauwürmer, Maden, Käse, Frühstücksfleisch und tote Köderfische. Beste Aussichten hast du von Juli bis November.

Döbel *Leuciscus cephalus*

Merkmale
Lang gestreckter, im Querschnitt fast drehrunder Körper mit dickem Kopf und großem, endständigen Maul. Rücken graubraun, Flanken silbrig, oft mit Goldglanz. Der Bauch ist weißlich. Ältere Fische haben große, dunkel umrandete Schuppen (Netzzeichnung). Im Unterschied zu Aland, Rapfen und Hasel ist beim Döbel die Afterflosse leicht nach außen gebogen.

Lebensraum
Döbel leben vor allem in den Forellen-, Äschen- und Barbenregionen der Flüsse und in Seen und Talsperren, die mit Fließgewässern in Verbindung stehen.

Lebensweise
Döbel sind gesellig lebende, scheue Fische, die gerne nahe der Wasseroberfläche auf Nahrungssuche gehen. Bei der geringsten Beunruhigung verschwinden sie in tiefere Wasserschichten. Gute Angelstellen findest du unter überhängenden Bäumen, in tiefen, durchströmten Gumpen, hinter großen Steinen und Brückenpfeilern sowie unterhalb von Wehren und Wasserfällen. Erfolg versprechend sind auch ausgewaschene Ufer und Rinnen zwischen Wasserpflanzen.

Fang
Döbel lassen sich mit der Spinnrute und mit Grund- oder Posenrute fangen. Gute Köder sind Spinner, Würmer, Maden, Teig, Mais, Frühstücksfleisch und Kirschen. Döbel beißen übers ganze Jahr. Besonders gut sind die Monate Juli und August.

Rotfeder *Scardinius erythrophthalmus*

Merkmale
Hochrückiger, seitlich abgeflachter Körper. Kopf mit kleinem, leicht oberständigem Maul. Rücken graugrün bis braungrün, Flanken heller und mit Goldglanz. Der Bauch ist silbrig-weiß. Kräftig rot leuchtende Flossen. Im Gegensatz zum ähnlichen Rotauge, bei dem der Ansatz der Rückenflosse senkrecht über dem Ansatz der Bauchflossen liegt, liegt bei der Rotfeder der Ansatz der Rückenflosse hinter dem Ansatz der Bauchflossen.

Lebensraum
Rotfedern bewohnen Seen und langsam fließende Gewässer mit vielen Unterwasser- und Schwimmblattpflanzen.

Lebensweise
Rotfedern sind Schwarmfische, die sich gut in Ufernähe überlisten lassen. An sonnigen Tagen gehen sie gerne nahe der Wasseroberfläche auf Nahrungssuche. Dabei liegen die besten Fangplätze in der Nähe von Krautbeeten und Seerosenfeldern. In größeren Seen versuchst du es am besten in windgeschützten Buchten, da die Wärme liebenden Rotfedern Wind nicht besonders mögen.

Fang
Am besten angelst du mit der Posenrute nahe der Oberfläche oder im Mittelwasser. Große Rotfedern, die gerne am Gewässerboden nach Nahrung suchen, kannst du mit der Grundrute überlisten. Fängige Köder sind Maden, kleine Würmer, Brotflocken und Teig. Am besten beißen Rotfedern während längerer Warmwetterperioden im Sommer.

Hecht *Esox lucius*

Merkmale
Raubfisch mit lang gestrecktem Körper und weit hinten sitzender Rückenflosse. Langer Kopf mit großem, abgeflachtem Maul („Entenschnabel") und vorstehendem Unterkiefer. Zahlreiche, teils große Zähne. Rücken bräunlich oder grünlich. Flanken heller, mit zahlreichen Querbinden. Bauch weißlich oder gelblich. Färbung wechselt je nach Alter und Standort.

Lebensraum
Hechte lieben flache, warme Seen mit klarem Wasser und langsam strömende Flüsse mit Stillwasserzonen.

Lebensweise
Der Hecht steht oft gut versteckt in Ufernähe und lauert unbeweglich auf Beute. Schwimmt ein Fisch an seinem Einstand vorbei, stößt er blitzschnell zu. Gute Fangplätze in Seen findest du an Schilfgürteln, Seerosenfeldern, Bootsstegen, versunkenen Wurzeln und unter überhängenden Bäumen. In Flüssen liebt der Hecht unterspülte Ufer, krautreiche, stille Buchten, das ruhige Wasser neben der Hauptströmung und das Stauwasser vor Wehren.

Fang
Hechte fängst du mit einer stabilen Grund- oder Posenrute oder mit einer kräftigen Spinnrute. Wegen der vielen Zähne des Hechts ist ein Stahlvorfach Pflicht. Fängig sind tote Köderfische, Wobbler, Blinker und Gummifische. Sehr gut beißen Hechte im Mai und Juni nach der Laichzeit und von September bis Dezember. Im Sommer ist es morgens und abends am besten.

Rotauge *Rutilus rutilus*

Merkmale
Leicht hochrückiger, seitlich etwas abgeflachter Körper. Kopf mit endständigem Maul und roten Augen. Rücken dunkelgrün bis blaugrün, Flanken silberfarben mit gelblichem Schimmer. Rötliche Flossen. Im Gegensatz zur ähnlichen Rotfeder, bei der der Ansatz der Rückenflosse hinter dem Ansatz der Bauchflossen liegt, liegt beim Rotauge der Ansatz der Rückenflosse senkrecht über dem Ansatz der Bauchflossen.

Lebensraum
Rotaugen bewohnen fast alle einheimischen Gewässer in großer Zahl. Nur in sehr rasch fließenden Gewässern kommen sie nicht zurecht. Deshalb bewohnen sie in Flüssen vor allem die Barben- und Brachsenregion.

Lebensweise
Rotaugen halten sich oft in großen Schwärmen in der Nähe von Pflanzenfeldern auf und bevorzugen kiesige und sandige Böden. Tagsüber stehen die lichtscheuen Fische meist in größerer Tiefe. Morgens und abends suchen sie dann in den flacheren Uferzonen den Gewässergrund nach Würmern, Schnecken und Insektenlarven ab.

Fang
Rotaugen kannst du mit der Grund- oder Posenangel fangen. Auf große Exemplare angelst du am besten in Bodennähe. Als Köder haben sich Maden, Würmer, Mais und Teig bewährt. Durch Anfüttern kannst du dabei deine Chancen noch verbessern. Rotaugen beißen das ganze Jahr, besonders gut sind die Monate Juli bis Oktober.

Karpfen *Cyprinus carpio*

Merkmale

Wildkarpfen haben einen gestreckten, seitlich etwas abgeflachten Körper und sind vollständig beschuppt. Die verschiedenen Zuchtformen des Karpfens sind dagegen hochrückig und unterschiedlich stark beschuppt. Während zum Beispiel der Schuppenkarpfen vollständig beschuppt ist, hat der Spiegelkarpfen nur einzelne, große Spiegelschuppen. Alle Karpfenformen haben ein rüsselartig vorstülpbares Maul und vier Barteln. Im Gegensatz dazu hat die ähnliche Karausche keine Barteln.

Lebensraum

Karpfen lieben warme, stehende oder langsam fließende Gewässer mit Schlammgrund und vielen Wasserpflanzen.

Lebensweise

Karpfen stehen gerne in der Nähe von Seerosenfeldern, Schilfgürteln, Krautbeeten oder unter überhängenden Zweigen. Während sie sich tagsüber oft in tieferen Wasserschichten aufhalten, gehen die scheuen Fische morgens und abends in Ufernähe auf Nahrungssuche. Dann streifen sie in größeren Gruppen umher und durchwühlen den Boden mit ihren Rüsselmäulern.

Fang

Karpfen sind hervorragende Kämpfer. Deshalb solltest du beim Karpfenangeln eine stabile Grund- oder Posenrute verwenden. Fängige Köder sind Boilies, Mais, Teig, Schwimmbrot, Kartoffeln und Hundefutter. Durch Anfüttern kannst du deine Chancen steigern. Top sind die Monate Juni bis Oktober.

Schleie *Tinca tinca*

Merkmale

Lang gestreckter, kräftiger Körper mit hohem Schwanzstiel und winzigen Schuppen. Die Grundfärbung ist grün bis olivgrün. Die Flanken glänzen oft golden. Schleien haben ein kleines Maul, das sie rüsselartig vorstülpen können, und kleine, rötliche Augen. Der ganze Körper ist mit einer dicken Schleimschicht bedeckt. Alle Flossen sind abgerundet. Beim Männchen sind die Bauchflossen größer als beim Weibchen.

Lebensraum

Am häufigsten leben Schleien in warmen, stark verkrauteten Kleingewässern mit schlammigem Grund. Sie bewohnen aber auch große Seen und langsam fließende Flüsse.

Lebensweise

Schleien lieben stille, pflanzenreiche Buchten und Altwasserarme. Dort durchstöbern sie vor allem in der Morgen- und Abenddämmerung den schlammigen Gewässergrund auf der Suche nach Würmern, Schnecken und Insektenlarven. Gute Angelstellen liegen in der Nähe von Krautbeeten, Schilfgürteln und Seerosenfeldern.

Fang

Auf Schleien angelst du am besten mit einer Grund- oder Posenrute in Grundnähe. Die hübschen Fische beißen auf Würmer, Maden, Mais, Teig, Brotkruste und Mini-Boilies. Gute Chancen hast du an warmen März- und Apriltagen. Am besten beißen Schleien von Juli bis Oktober.